1 | Schützenfest auf dem „Schützenwall" (Schießwall), um 1840. Die früher im Bereich zwischen Vangenturm und Mühlentor gelegenen Wälle, Gräben und sonstigen äußeren Verteidigungswerke sind, abgesehen vom mittleren Graben (Stadtgraben), bereits weitgehend eingeebnet bzw. aufgefüllt. Lithographie von Ludwig Eduard Lütke nach einer Zeichnung von Carl August Menzel

Jahrhundertelang schützten Mauern, Türme und Tore, Wälle, Gräben und andere Verteidigungswerke die Bewohner der Universitäts- und Hansestadt Greifswald vor äußerer Bedrohung. Spätestens seit Ende des an Kriegen reichen 17. Jahrhunderts war es jedoch offensichtlich, dass die Greifswalder Befestigungsanlagen in Anbetracht der Entwicklung der Waffen- und Belagerungstechnik ihre militärische Funktion verloren hatten. Die Entfestigung, also der Anfang des 18. Jahrhunderts einsetzende Teilabbruch der Fortifikationswerke, markiert den Beginn der Geschichte der Greifswalder Wallpromenade als städtischer Grünanlage. Von den einstigen steinernen Wehrbauten haben nur wenige Relikte die Zeiten überdauert. Doch wird der aufmerksame Beobachter in den heutzutage gern von Spaziergängern frequentierten Greifswalder Wallanlagen, dem „grünen Gürtel" der Greifswalder Altstadt, unschwer die Reste der früheren Befestigungswerke erkennen.

Die Geschichte der Greifswalder Stadtbefestigung und ihrer Umgestaltung zu einer städtischen Grünanlage fand eine erste Darstellung in einer Publikation von Franz Scherer und Hans-Georg Wenghöfer, die, versehen mit Fotografien von Manfred Zielinski, 1989, noch vor der politischen und gesellschaftlichen „Wende", unter dem Titel „Vom Festungswall zur Promenade" erschien. Die Konzeption jener Veröffentlichung grundsätzlich aufgreifend, versteht sich die hier vorgelegte Publikation jedoch nicht lediglich als überarbeitete Neuauflage. Zum einen galt es, die jüngste Geschichte der Greifswalder Wallanlagen wie auch neuere Ergebnisse stadtgeschichtlicher und bauhistorischer Forschung zu berücksichtigen. Zum anderen konnte die Quellen- und Literaturbasis gegenüber der Publikation von 1989 wesentlich erweitert werden, wodurch zusätzliche Erkenntnisse einflossen. Schließlich wurde besonderer Wert darauf gelegt, die Geschichte von Stadtbefestigung und Wallanlagen stärker in einen landes- und stadtgeschichtlichen bzw. kulturgeschichtlichen Kontext zu stellen, waren die Autoren doch der Überzeugung, sich nicht auf die Darstellung der Baugeschichte der Bauwerke und Anlagen beschränken zu dürfen.

Das vorliegende Werk entstand in gemeinschaftlicher Arbeit von drei – bzw. faktisch vier – Autoren. Uwe Kiel verfasste den Prolog und das Kapitel über die historische Entwicklung der Greifswalder Stadtbefestigung, das Letztere unter Verwendung des in der erwähnten, 1989 erschienenen Publikation enthaltenen Beitrags von Franz Scherer. Die Erlaubnis hierzu hat der frühere Stadtarchivar Franz Scherer, dessen vor fast zwei Jahrzehnten entstandener Beitrag besonders zu würdigen ist, kurz vor seinem – zu frühen – Tod 2004 erteilt. Das Kapitel über die Umgestaltung der Wallanlagen und der Epilog stammen aus der Feder von Hans-Georg Wenghöfer und Dr. Michael Lissok.

Es ist den Autoren eine angenehme Pflicht, den nachfolgend aufgeführten Personen, Institutionen und sonstigen Stellen für die Unterstützung des Publikationsvorhabens, sei es durch die Bereitstellung von Material und Informationen oder durch anderweitige Hilfe, herzlich zu danken: der Universitäts- und Hansestadt Greifswald mit ihren Ämtern und Einrichtungen, dem Pommersches Landesmuseum (hier besonders Kai Kornow), der BAUBECON-AG – Sanierungsträger der Stadt Greifswald, den Stadtwerken Greifswald GmbH, der Ernst-Moritz-Arndt-Universität Greifswald, dem Ingenieurbüro IPO Greifswald, dem Planungsbüro PHS Greifswald, dem Architekturbüro Frank/Mielenz/Rabenseifner Greifswald, dem Büro des Baum-Sachverständigen Gernot Hübner in Weitenhagen bei Greifswald, dem Büro des Baum-Sachverständigen Gerd Bollmann, Ellerau/Schleswig-Holstein, Dr. Jörg Ansorge (Landesamt für Kultur und Denkmalpflege), Ivo Asmus M.A., Dr. Christine Fritze, Prof. Dr. Herbert Langer (dem das Kapitel über die Geschichte der Greifswalder Stadtbefestigung eine Fülle wichtiger Hinweise verdankt), Fritz Lewandowski, Torsten Rütz M.A., Felix Schönrock M.A., Dr. Roland Schuster, den Mitarbeiterinnen und Mitarbeitern all jener Archive, Bibliotheken und Institutionen, die bereitwillig Bildmaterial und Abdruckgenehmigungen zur Verfügung stellten, Sinaida Kuppe (Werbeagentur textura, Rostock) für die graphische Gestaltung, Olaf Heyde (devisor) für die Zeichnung der beiliegenden Karte sowie insbesondere den Mitarbeiterinnen des Stadtarchivs Greifswald für vielfältige und umfassende Hilfeleistungen.

Greifswald, im Dezember 2008
Die Autoren

2 | Blick auf die von der Wallpromenade umsäumte Greifswalder Altstadt von Südosten, 2006

Prolog: Über Funktion und Geschichte von Stadtbefestigungen

Die Stadt Greifswald entstand im 13. Jahrhundert. Das Areal der mittelalterlichen Stadt entspricht der Ausdehnung des heutigen Stadtzentrums und ist noch heute deutlich erkennbar: Im Norden begrenzt durch den Ryck, wird es im Osten, Süden und Westen von der baumbestandenen Promenade umsäumt. Diese Promenade bildete sich seit dem ausgehenden 18. Jahrhundert allmählich aus einem die Stadt ursprünglich an drei Seiten umgebenden Wall-Graben-System, also aus einem Teil der früheren Greifswalder Befestigungsanlagen, heraus. Innerhalb dieses ehemaligen äußeren Verteidigungssystems war die mittelalterliche und frühneuzeitliche Stadt Greifswald vollständig von einem Mauerring umschlossen. Relikte der alten Stadtmauer und der sie verstärkenden Befestigungsanlagen existieren heute nur noch an einzelnen Abschnitten, insbesondere im Nordosten – in Gestalt des Vangenturms am Museumshafen –, im Nordwesten, Westen, Südwesten und im Südosten der im Zweiten Weltkrieg unzerstört gebliebenen Altstadt. Letztere trägt die Bezeichnung „Altstadt" in unseren Tagen allerdings nur noch bedingt zu Recht, da sie durch Flächenabbrüche und Ersatzneubau in den 1970/80er Jahren im nördlichen Bereich ihr historisches Antlitz verloren hat. Schon zu diesem Zeitpunkt war die mittelalterliche Stadtmauer nur mehr in Resten vorhanden. Erbaut wurde sie, nachdem die Stadt Greifswald im Jahre 1264 das Befestigungsrecht erhalten hatte, als das nach außen hin am deutlichsten sichtbare Unterscheidungsmerkmal zwischen der 1250 mit dem lübischen Recht bewidmeten Stadt und dem sie umgebenden platten Land.

3 | Johann Gottlieb Giese (1787–1838): „Greiffswaldt ANNO 1552", Öl auf Leinwand, ca. 1820

Einige grundsätzlich über Funktion und Entwicklung städtischer Befestigungsanlagen zu treffende Feststellungen haben Gültigkeit auch für die Hansestadt Greifswald: Wie im Falle anderer pommerscher Städte, haben die Stadtmauer, ihre Tore und Türme sowie die sie umgebenden Wälle und Gräben das äußere Erscheinungsbild auch der Stadt Greifswald bis in das 19. Jahrhundert geprägt. Angelegt in der Stadtgründungsphase, dienten die Defensionswerke insbesondere dem Schutz vor Angriffen äußerer Feinde. Sie hatten darüber hinaus aber auch die Funktion, unliebsame Besucher, etwa Räuber, Vagabunden und Bettler, am Betreten der Stadt zu hindern. Die Stadtmauer markierte die Grenze zwischen dem Rechtsbereich der Stadt und dem des flachen Landes. An den verschließbaren, befestigten Toren wurde kontrolliert, welche Personen die Stadt betraten, verließen und welche gegebenenfalls abgabepflichtigen Güter sie transportierten.

Ihre Hauptfunktion, den Schutz vor äußeren Feinden, konnten die Wehranlagen der Städte nur dann erfüllen, wenn ihre Beschaffenheit mit den Verbesserungen der Waffen- und Belagerungstechnik Schritt hielt. Das Aufkommen von effektiveren Feuerwaffen und Geschützen im 15. Jahrhundert erforderte immer stärkere und aufwändigere Verteidigungssysteme. Vor allem in dem an Kriegen reichen 17. Jahrhundert wurden auch die im Kern aus dem Mittelalter stammenden Greifswalder Befestigungsanlagen beträchtlich verstärkt und erweitert. Seit dem 18. Jahrhundert jedoch, angesichts des Fortschritts der Waffentechnik und insbesondere des Artilleriewesens, büßten Mauern, Bastionen und Türme vieler Städte ihre Wehrfunktion ein. Die Befestigungsanlagen vermochten Belagerungen und Beschießungen nicht mehr standzuhalten, ihr Ausbau und Unterhalt überforderten die landesherrlichen und städtischen Finanzhaushalte. Zudem waren die Bürger ohne Inanspruchnahme kostspieliger Dienste fremder Truppen nicht mehr in der Lage, ihre Städte gegen den Ansturm moderner Heere zu verteidigen. So lassen sich seit jener Zeit zwei gegenläufige Entwicklungen konstatieren: Während einzelne, militärstrategisch wichtige Plätze durch den Landesherrn bzw., später, den modernen Staat zu starken Festungen ausgebaut wurden, die im Unterschied zur Vergangenheit nicht mehr lediglich den Besitz eines einzelnen Ortes, sondern den eines größeren zusammenhängenden Gebietes sichern sollten, begann auf der anderen Seite bereits im 18. Jahrhundert die Entfestigung vieler Städte. Vielerorts, so auch in Greifswald, verfielen seitdem Teile der Fortifikationsanlagen oder wurden abgetragen. Der städtische Organismus breitete sich zunehmend über das Areal der ummauerten mittelalterlichen Stadt aus. Die ehedem durch die Stadtmauer klar markierte Siedlungsgrenze zwischen Stadt und städtischem Umland löste sich auf, neue Vorstädte entstanden und bestehende expandierten. Wälle und Gräben wurden eingeebnet, als Gartenanlagen genutzt, zu Grünanlagen und Promenaden umgewandelt oder mussten schließlich, seit der zweiten Hälfte des 19. Jahrhunderts, Ringstraßen weichen. Die Tore, die ihre einstige militärische Funktion längst verloren hatten, dienten zwar zunächst nach wie vor der Kontrolle von Personen und Waren, wurden jedoch oft genug, da sie den in zunehmendem Maße die Straßen frequentierenden Personen- und Güterverkehr behinderten, abgebrochen. Andererseits lernte man seit dem 19. Jahrhundert – unter dem Einfluss von Romantik und Historismus, die mit sentimentaler Verklärung früherer Zustände, Mittelalterrezeption, aber auch denkmalpflegerischen Tätigkeiten und ernsthaften Bemühungen um die wissenschaftliche Erschließung mittelalterlicher Architektur einhergingen – allmählich die militärisch sinnlos gewordenen Reste der einstigen Stadtbefestigungen als bemerkenswerte und kulturhistorisch wertvolle Zeugnisse der eigenen Vergangenheit zu begreifen.

Ohne Anspruch auf Vollständigkeit erheben zu können, widmet sich die vorliegende Publikation in einem ersten Teil dem Bau und der Geschichte der Greifswalder Stadtbefestigung seit dem hohen Mittelalter bis zu ihrem ab dem 18. Jahrhundert abschnittsweise erfolgten Teilabbruch. Ein zweiter Teil behandelt die Umwandlung der Stadtbefestigung in eine grüne Promenade seit dem Ende des 18. Jahrhunderts und den Umgang mit diesem baulichen und kulturgeschichtlichen Zeugnis aus der Geschichte der Universitäts- und Hansestadt Greifswald bis in die Gegenwart. Ein Anliegen der Arbeit besteht auch darin, die bauliche Entwicklung der Fortifikationswerke und Anlagen in der Greifswalder Stadt- und der pommerschen Landesgeschichte zu verorten. Dabei liegt es gleichsam in der Natur der Sache, dass der historische Kontext im ersten Teil etwas ausführlicher dargestellt werden muss als im zweiten.

DIE HISTORISCHE ENTWICKLUNG DER GREIFSWALDER STADTBEFESTIGUNG BIS ZU IHREM VERFALL UND TEILABBRUCH IM 18. UND 19. JAHRHUNDERT

Stadtrechtsverleihung und Verteidigungsrecht – Voraussetzungen für die Entwicklung der mittelalterlichen Stadt

Wie die meisten Städte im heutigen Vorpommern entstand auch Greifswald im 13. Jahrhundert im Zuge der deutschen Ostsiedlung und der kommerziellen Erschließung des Ostseeraums durch den hansischen Kaufmann. Entlang der südlichen Ostseeküste wuchs ein Netz städtischer Siedlungen, deren Stadtverfassung und Rechtsgrundsätze, Sprache, Kultur und Religion ähnlichen Prinzipien folgten. Die Zugehörigkeit vieler dieser Städte zur Hanse prägte ihr zumeist recht einheitliches Stadtbild. Als Handelsstädte verfügten sie über ein Netz rechtwinklig zueinander angelegter Straßen sowie große Sakral- und Profanbauten in Formen der norddeutschen Backsteingotik. Ein großer Markt als Zentrum des Warenumschlags und die Ausrichtung auf den Hafen als wichtigstem Verkehrs- und Transportweg waren weitere Charakteristika der Hansestädte. Als typische *civitas maritima* (Seestadt) wuchs auch die Stadt am Greifswalder Bodden in das den Ostseeraum umspannende Handels- und Bündnissystem der Hanse von Beginn an als ein Baustein hinein.

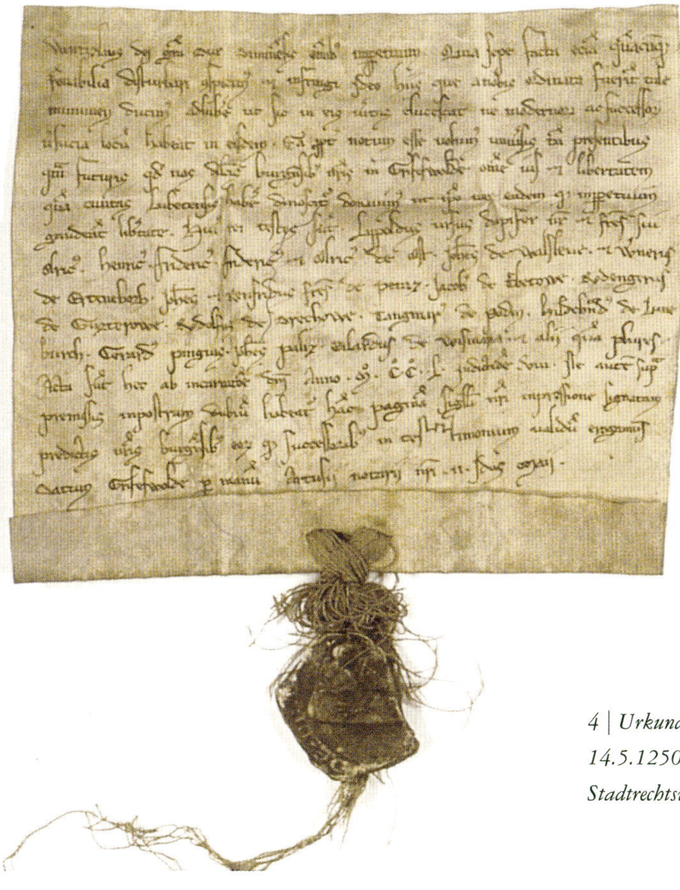

4 | Urkunde vom 14.5.1250: Stadtrechtsverleihung

5 | Urkunde vom 17.5.1264: Verleihung des Verteidigungs- und Befestigungsrechts

Zwei Besonderheiten weist die Greifswalder Stadtgründung jedoch auf: Zum einen wurde sie durch ein Zisterzienserkloster – Hilda bzw. Eldena an der Mündung des Rycks – betrieben und befördert. Zum andern entstand die Stadt auf einem Territorium, auf dem bislang – sieht man von einigen jungslawischen Siedlungsbefunden im Bereich der heutigen Kapaunenstraße ab, die allerdings keine Siedlungskontinuität erkennen lassen – keine slawische Vorgängersiedlung nachgewiesen werden konnte. Die neue Siedlung entstand wohl im zweiten Viertel des 13. Jahrhunderts etwa fünf Kilometer vom Kloster Eldena entfernt auf einem flachen Hügel am südlichen Ryckufer, gegenüber den seit etwa 1193 nachweisbaren Salzpfannen. 1241 gestatteten sowohl Fürst Wizlaw I. von Rügen als auch Herzog Wartislaw III. von Pommern-Demmin dem Kloster, auf dessen Gebiet wöchentlich einmal einen Markt abzuhalten. Als Marktort dürfte nur die junge Siedlung am Ryckufer in Frage gekommen sein. Hier kreuzten sich zwei alte Handelswege von Nord nach Süd und von Ost nach West, und hier lagen die im Mittelalter wertvollen und ertragreichen „Sulten", die Salzpfannen. In einer Urkunde vom November 1248 wurde das „oppidum Gripheswald" erstmals namentlich erwähnt. Noch war es Klosterbesitz, aber bereits im Juni 1249 gelangte es als Lehen an den Pommernherzog.

Zur Festigung ihrer Macht und Sicherung der Grenzen legten die fürstlichen Territorialherren großen Wert auf städtische Siedlungen. Hatten sie letztere nicht selbst begründet, so trachteten sie doch danach, in ihren Besitz zu gelangen. Greifswald muss dem Pommernherzog dabei besonders wertvoll gewesen sein, denn der Ryck bildete hier die Grenze zwischen seinem und dem Herrschaftsbereich des rügenschen Fürstenhauses. Durch seine verkehrsgünstige Lage verfügte Greifswald zudem über günstige ökonomische Voraussetzungen für eine rasche weitere Entwicklung. Am 14. Mai 1250 bewidmete Wartislaw III. das bereits städtischen Charakter aufweisende Gemeinwesen mit dem lübischen Recht. Dieser bedeutsame Rechtsakt allein war allerdings noch keine Garantie für eine weitere gedeihliche Entwicklung der Stadt. Bei den häufigen bewaffneten Auseinandersetzungen zwischen den einzelnen kleineren und größeren – weltlichen und geistlichen – Territorialherren kam der Befestigung und der Verteidigungsfähigkeit der Stadt eine nicht minder wichtige Bedeutung zu.

Am 17. Mai 1264 wurde Greifswald dieses Recht durch Herzog Wartislaw III. zugestanden. Alt- und Neustadt, um die Marien- und die Nikolaikirche bzw. die Jacobikirche gruppiert, sicher aber baulich schon weitgehend zusammengewachsen, wurden unter nunmehr einheitlicher Verwaltung vereinigt und durften sich gemeinsam mit einer Mauer umgeben.

Die ältesten Befestigungsanlagen und ihre naturgeographischen Voraussetzungen

Über die frühesten Befestigungsanlagen können nur Vermutungen geäußert werden. Es ist anzunehmen, dass bereits beide Siedlungskerne, zumindest aber der ältere um die Marien- und die Nikolaikirche und um den Markt, gegen eine nicht immer friedliche Umwelt abgegrenzt waren. Dazu dürften Erd-Holzbefestigungen (Pfahlwerk, Palisaden) gedient haben, welche natürliche Gegebenheiten – Wasserläufe und sumpfige Niederungen – ausnutzten und verstärkten.
Natürlichen Schutz hatte die planmäßig angelegte Stadt von Westen über Norden nach Osten in ausreichendem Maße. Im Norden wurde die Stadt durch den Ryck begrenzt, der für die damalige Kriegs- und Belagerungstechnik ein nur schwer zu forcierendes Hindernis bildete. Das ganze nördliche Ryckufer war sumpfig und von weiteren Wasserläufen – der wichtigste und größte war die Baberow, deren kümmerliche Reste noch heute zu erkennen sind – durchzogen. Im Osten boten die Buchten und Nebenarme des unregulierten Flusslaufs des Rycks natürlichen Schutz. Im Nordwesten – vor der Neustadt – lag der Boltenhäger Teich, an den heute nur noch eine sumpfige Wiese westlich der Stralsunder Straße erinnert. Der Boltenhäger Teich war für Angreifer fast unüberwindlich, solange er, während längerer Dürreperioden, nicht austrocknete. Die sich westlich anschließende Ryckniederung lag zwar relativ weit von der Stadt entfernt, besaß aber in ebenfalls sumpfigem Gelände eine Anzahl kleinerer Wasserläufe, die, zu einem System vereinigt, ebenfalls eine Schutzfunktion erfüllen konnten. Der in der Frühzeit der Stadtentwicklung wichtigste dieser Gräben verlief, aus den Fleischerwiesen gespeist, in Höhe der heutigen Weißgerberstraße, die deshalb bis ins 16. Jahrhundert auch Grabenstraße (*platea fossata*) hieß und den älteren Stadtkern nach Westen abgrenzte.
Ob diese Wasserläufe schon vor 1264 durch künstliche Verbindungen zu einem Grabensystem vereinigt worden sind, entzieht sich unserer Kenntnis. Vermutlich haben Greifswalds Bürger aber bereits zu dieser Zeit begonnen, Erdwälle an besonders gefährdeten Abschnitten anzulegen. Ein solcher war die südliche Stadtgrenze. Hier fehlten natürliche Hindernisse. Das trockene, ebene Vorgelände, wahrscheinlich teilweise noch bewaldet, bot Angreifern einen günstigen Lager- und Aufmarschraum.

Mauer, Wälle und Gräben

Mit der erwähnten Urkunde vom 17. Mai 1264 gab der Pommernherzog den Greifswalder Bürgern das Recht der Selbstverteidigung und die Erlaubnis, die Stadt mit einer Mauer zu umgeben („murum opponendi"). Dieses Privileg schloss neben dem Bau einer Mauer weitere Befestigungsanlagen wie Wälle, Gräben, Tore und Türme als selbstverständlich ein. Erstere waren zum Teil schon vorhanden, letztere benötigten eine längere Bauzeit.

Im Zuge von durch das damalige Landesamt für Bodendenkmalpflege im Sommer 2003 durchgeführten archäologischen Untersuchungen konnte im Bereich der heutigen Rakower- und Wallstraße ein bis zu zwei Meter hoch aufgeschütteter Erdwall mit den Spuren einer wohl den 1260er Jahren entstammenden hölzernen Palisadenreihe nachgewiesen werden. Die Fund-

6 | *Prof. Dr. Theodor Pyl*

7 | *Der bei Backsteinbauten des 13.–15. Jh. im sog. Wendischen Quartier der Hanse häufig anzutreffende „Wendische Verband" zeichnete sich durch die recht regelmäßige Abfolge von jeweils zwei Läufern und einem Binder innerhalb einer Backsteinlage aus.*

plätze befanden sich in der Nähe des späteren Walldurchgangs an der Fleischerstraße, also beim später dort angelegten Fleischertor.
Der Ausbau des Wall-Graben-Systems dürfte um 1264 bereits begonnen worden sein. Die Existenz einzelner massiver Mauerabschnitte ist für die 1270er Jahre urkundlich belegt. Mit diesem Befund korrespondieren die Untersuchungen des Landesamts für Bodendenkmalpflege, wonach die erwähnten hölzernen Palisaden um 1275 durch eine Backsteinmauer ersetzt worden sind. Diese unten ca. 1,80 Meter starke Mauer bestand aus 9,3 bis 9,7 cm hohen Klosterformatsteinen und ruhte auf einem mindestens 80 cm mächtigen Feldsteinfundament.

Der insbesondere um die Erforschung der mittelalterlichen Geschichte Greifswalds verdiente Historiker Theodor Pyl (1826–1904) nahm an, dass die Befestigungsanlagen um 1278 fertig gestellt waren. Als Beweis führte er den Inhalt mehrerer Urkunden aus dem Zeitraum von 1272 bis 1278 an. Zweifellos handelte es sich bei der Stadtmauer – wie auch bei den zeitgleich im Bau befindlichen Sakralbauten, den drei Pfarrkirchen – um eine mittelalterliche „Großbaustelle". Gewiss werden die Bürger die für ihre Sicherheit so wichtigen Bauwerke auch mit großem Eifer und aller Kraft errichtet haben. Ob dafür allerdings der kurze Zeitraum von anderthalb Jahrzehnten ausreichte, ist ungewiss. Die Einwohnerzahl betrug sicher nicht über 3.000 Menschen. Die Stadtmauer aber war etwa 2.700 Meter lang, und auch die Wälle und Gräben erreichten in ihrer letztendlichen Ausdehnung jeweils mehrere Kilometer. Bei mittleren und größeren Städten nahm der Bau der Befestigungsanlagen oft Jahrzehnte in Anspruch. Je nach politisch-militärischer Bedrohungslage wurden die überaus aufwändigen Arbeiten beschleunigt oder vernachlässigt.
Nach jüngeren archäologischen und bauhistorischen Untersuchungen wird vermutet, dass die Bauten an den Hauptdurchlässen der Greifswalder Stadtbefestigung, die Tore, zeitlich vor den dazwischen liegenden, längeren Mauerabschnitten errichtet worden sind. Zumindest Teile der Stadtmauerpartie im Norden, am Hafen östlich der Steinbeckerstraße, entstanden wahrscheinlich erst Ende der 1290er Jahre.

Die Stadtmauer diente dem Schutz und Fortbestand des jungen städtischen Gemeinwesens und garantierte einen friedlichen Handel. Auf wirksame Weise grenzte die Stadtmauer den Bereich, in dem der rechtliche Sonderstatus der Stadt, das Stadtrecht, galt, gegen das Umland ab. Obgleich es auch Städte, die sich nicht mit einer Mauer umgaben und andererseits auch befestigte Dörfer gab, ist die Stadtmauer doch – ebenso wie Stadtrecht, Markt und arbeitsteiliges, spezialisiertes Gewerbe – nachgerade zu einem kennzeichnenden Merkmal einer Stadt geworden.

Die Greifswalder Stadtmauer umschloss die mittelalterliche Stadt vollständig. Außer im Norden, wo der Ryck Schutz gewährte, erhob sich die Mauer auf einem inneren Wall, welcher das von Ost nach West etwa 1.000 Meter und von Nord nach Süd etwa 500 Meter messende Weichbild der Stadt landseitig umgab.
Errichtet wurde die Mauer aus Backsteinmaterial auf einem in das Erdreich eingelassenen Feldsteinfundament. Ausgehend von der Gründungstechnik, der Art des Mauerverbands (sog. *Wendischer Verband*) und der Backsteinformate datiert die Bauforschung Teile der noch heute existierenden Stadtbefestigung in die Zeit um bzw. kurz nach 1270. Die Mauer soll,

8 | Stadtmauerpartie am südlichen Ausgang der Rakower Straße, Feldseite, Blick nach Nordosten, November 2008. Der Bereich im Vordergrund wurde vor Mitte des 18. Jh. neu errichtet, das dritte Mauersegment (rechter Bildrand) ist mittelalterlicher Kernbau.

9 | Das Erscheinungsbild dieses Teils der Stadtmauer am Pommerschen Landesmuseum ist durch im 19. und 20. Jh. vorgenommene Erneuerungs- und Sanierungsarbeiten geprägt. Aufnahme vom November 2008

10 | Der knapp 80 m messende Mauerabschnitt zwischen Ravensturm und Kapaunenstraße wurde von Oktober 1995 bis Mai 1996 saniert. Foto November 2008 (Feldseite)

11 | Blick vom nördlichen Ausgang der Kapaunenstraße auf die Stadtmauer nach Westen, November 2008. Die Höhe der Mauer beträgt 3,50 m, ihre Dicke im Fußbereich ca. 1 m, im Kronenbereich 0,60 bis 0,90 m.

12 | Abgesehen von einigen frühneuzeitlichen Reparaturen und Ergänzungen stammt die Stadtmauerpartie zwischen Ravensturm und Kapaunenstraße im Kern überwiegend aus dem Mittelalter. Sie ist im Wendischen Verband gemauert. Der innere Wall und das Feldsteinfundament sind deutlich zu erkennen (Blick nach Westen, September 2008)

wahrscheinlich erst in späteren Zeiten erhöht, bis zu 9,40 Meter hoch gewesen sein. Treffen diese Angaben zu, so ragte die Stadtmauer ursprünglich weit höher empor als ihre heute noch existierenden Reste.
Unterbrochen wurde die Mauer durch Tore und Pforten, verstärkt durch Türme und Halb- oder Schalentürme, Weich- bzw. Wiekhäuser (*Wyckhäuser, propugnacula*) genannt. An der Außenseite durch besondere (wahrscheinlich erst später angebrachte) Stützpfeiler verstärkt, war sie innen mit Nischen versehen bzw. glatt. Am Bereich der Mauerkrone lag innen ein hölzerner Wehrgang. Unten führte ein breiter freier Gang innerhalb der Mauer ebenfalls um die ganze Stadt herum. Durch Ausheben des Erdreiches für den inneren Wall entstand gleichzeitig der Binnengraben unmittelbar vor der Stadtmauer, also an deren Feldseite. Diese Senke ist im südöstlichen und südwestlichen Teil, an dem hier stark abgerundeten Stadtgrundriss, noch gut zu erkennen. Das Erdreich für die Aufschüttung des heute noch weitgehend vorhandenen Hauptwalles wurde zumindest zum Teil durch das Ausstechen des mittleren Grabens, der in Gestalt des heutigen Stadtgrabens ebenfalls größtenteils erhalten ist, gewonnen.

Da einerseits frühe schriftliche Quellen kaum existieren bzw. sich einer eindeutigen Interpretation entziehen und andererseits bis dato nur vereinzelte archäologische Untersuchungen durchgeführt wurden, lässt sich die Entstehung des Hauptwalls nicht exakt datieren. Im Allgemeinen gewährte vor dem Aufkommen der Pulvergeschütze – erste kleine, freilich noch kaum wirksame Feuerwaffen sind für die Mitte des 14. Jahrhunderts bezeugt – die von einem mit Wasser gefüllten („nassen") Graben umgebene steinerne Ringmauer den Verteidigern ausreichenden Schutz. Sofern in einigen norddeutschen Städten gleichzeitig mit der Steinbefestigung Erdwälle angelegt worden sind, entstanden letztere unabhängig von der neuen Geschützwaffe. Mit den späteren „Hauptwällen" nicht vergleichbar, trugen diese Erdbefestigungen durchaus mittelalterlichen Charakter. Seit Beginn des 15. Jahrhunderts erreichte die Entwicklung der Pulvergeschütze durch technische Verbesserungen einen solchen Stand, dass im direkten Schuss Breschen in Steinmauern geschlagen und letztere zum Einsturz gebracht werden konnten. Spätestens um 1450 waren die steinernen Stadtbefestigungen praktisch wertlos geworden: Die Ringmauern und Türme waren der Durchschlagskraft der Geschosse nicht mehr gewachsen und boten umgekehrt zu wenig Platz, selbst Geschütze zur Verteidigung aufzustellen. Eine mögliche Lösung des Problems fanden viele norddeutsche Städte spätestens seit Beginn des 15. Jahrhunderts darin, vor der alten steinernen Stadtmauer einen neuen Wall, den Hauptwall, aufzuschütten. Dieser Erdwall leistete größeren passiven Widerstand gegen feindliche Artilleriegeschosse als eine Steinmauer, gewährte wie diese ebenfalls Sturmfreiheit (Schutz gegen Ersteigung) und gestattete überdies den Einsatz großkalibriger Verteidigungsgeschütze. Den alten Mauerring hielt man vielerorts nach Fertigstellung des neuen Hauptwalls als inneren Verteidigungsabschnitt bei. Definiert man also Befestigung als präventive Abwehrmaßnahme gegen mögliche militärische Bedrohungen in Abhängigkeit vom technischen Stand der Angriffswaffen, so sprechen die hier vorgetragenen Überlegungen dafür, dass der heute in großen Teilen noch existierende Greifswalder Hauptwall erst einige Jahrzehnte nach dem Bau der Stadtmauer aufgeworfen worden ist. Auf Grund von Keramikfunden im Rahmen der oben erwähnten archäologischen Untersuchungen im Bereich der Fleischerstraße (2003) wird für diesen Abschnitt die Aufschüttung des Hauptwalls –

13 | Geschütz auf fahrbarer Block-Räderlafette (Feldlafette), 17. Jh.

16 | Der Vangenturm von Nordwesten, Mai 2008

Von den Türmen ist der noch rudimentär vorhandene und heute freistehende Gefangenenturm *(turris captivorum, Vangentorn)* 1329 als erster im ältesten Stadtbuch, das bis 1332 reicht, eingetragen. Der nordwestliche Eckturm, der Ravensturm (*turris Corvorum, Raventorn*, d.h. Rabenturm) folgt erst 1352, der „Blaue Turm" am Brüggstraßentor 1396. Vergleichen wir die Einträge mit den ältesten zeitgenössischen bildlichen Darstellungen aus dem 17. Jahrhundert (siehe S. 20), dann vermögen sie natürlich nur eine Aussage zur Lage, nicht aber zum Aussehen in der Entstehungszeit zu geben. Alle diese Bauwerke sind mehrfach repariert, erweitert oder umgebaut worden, bedingt durch Schäden und den jeweiligen Entwicklungsstand der Kriegstechnik. Die topographische Anordnung aber blieb bestehen.

Um 1300 war die mittelalterliche Stadt mit ihren wohl noch wenig befestigten Straßen und Plätzen und dem sie umgebenden Mauerring in dieser Hinsicht ein über Jahrhunderte baulich fertiges und in sich abgeschlossenes Gemeinwesen.

17 | Fleischervortor, Westwand, Blick nach Süden. Grabungssituation 2003

Vier Haupttore gestatteten den Zugang zur Stadt: im Norden, aus Richtung Stralsund, das Steinbecker-, im Südosten, von Wolgast und Anklam, das Mühlen-, im Süden, von Gützkow, das Fleischer- und im Westen, von Grimmen, das Vettentor. Die Haupttore können wir uns analog zu erhaltenen Beispielen in Nachbarstädten (etwa dem Steintor in Anklam) wohl schon im 14. Jahrhundert als hohe, durch Stufengiebel abgeschlossene Tortürme vorstellen. Städtisches Repräsentationsbedürfnis schmückte sie in Formen der norddeutschen Backsteingotik. Die schönsten Beispiele solcher Architektur haben sich in Mecklenburg-Vorpommern bis heute in Neubrandenburg erhalten.

Die Tore waren bei einer Belagerung besonders gefährdet und mussten deshalb für sich selbst eine kleine Festung darstellen. In Greifswald entstanden innerhalb des durch den mittleren Wall gebildeten Ringes vielleicht schon Ende des 14., bestimmt aber im 15. Jahrhundert Vortore, die auch *Cinghele* (Zingel, Zwinger) genannt wurden. Für den besonders festen und starken Fleischertorzingel könnte eine Stadtbucheintragung von 1454, zur Amtszeit des Bürgermeisters und späteren Universitätsgründers Heinrich Rubenow, auf den Bau oder eine größere Umgestaltung dieses Vortores hinweisen. Die Aufgabe der Vortore bestand vor allem in der Deckung der hölzernen Zugbrücken über den inneren und den mittleren Graben. Sicher waren Haupt- und Vortore durch seitliche Mauern und Wehrgänge miteinander verbunden. 2003 wurden an der Fleischerstraße durch das Landesamt für Bodendenkmalpflege neben Eichenpfosten im Bereich des ehemaligen Binnengrabens (vielleicht die Überreste einer Brücke) steinerne Fundamentreste, die dem Vortor bzw. Zingel des Fleischertores zugeordnet werden, ergraben.

18 | Rest des Ravensturms, Zustand November 2008

Bauhistorische Untersuchungen lassen auf eine Entstehung des Fleischervortores im 15. Jahrhundert schließen.
Außer den vier Haupttoren der Überlandstraßen existierten noch sechs weitere Tore, von denen sich fünf zum Hafen hin öffneten, damit gleichsam dessen überragende Bedeutung für die Stadtentwicklung dokumentierend: Jede der fünf Stichstraßen zum Hafen wurde durch ein „Wassertor" abgeschlossen. Man musste möglichst direkt zum Bollwerk gelangen können, handelte es sich bei den Nord-Süd-Achsen, den Verbindungen zwischen Markt und Hafen, doch um die wichtigsten Verkehrswege der mittelalterlichen Stadt Greifswald. Fisch-, Büch- (heute Johann-Sebastian-Bach-) und Knopfstraße schlossen mit einem Torturm, niedriger als die Haupttore. Am Ende der Brügg- und der Kuhstraße gab es nur einfache, aber durch Festungstürme flankierte Tore in der Stadtmauer. Zwischen Mühlentor und Vangenturm (Gefangenenturm, auch Fangenturm), am Ostausgang der heutigen Friedrich-Loeffler-Straße, führte schließlich das sogenannte Heimliche Tor (*porta secreta, hemelike dor*), bei dem es sich möglicherweise um ein Ausfalltor handelte, in die östlich der Stadt gelegenen Gärten.
Abgesehen von den Toren wurde die Stadtmauer durch mehrere einfache Pforten unterbrochen, von denen eine am Ende der Hunnenstraße, eine andere wohl am Ausgang der Rubenowstraße oder der Papenstraße (Martin-Luther-Straße) vorhanden war. Letztere wurde als *porta Anglorum, Engelspforte* oder auch *Englische Pforte*, bezeichnet. Die Herkunft dieses Namens ist schwer zu deuten. Außerdem hatten beide Klöster, das nach der Farbe der Ordenstracht so genannte Schwarze Kloster der Dominikaner an der nordwestlichen (heute Kliniksgelände) und das Graue Kloster der Franziskaner an der südöstlichen Stadtmauer (heute Pommersches Landesmuseum), ihre je eigene, rechtlich verbriefte Pforte. Alle diese kleineren Pforten waren durch zumeist wohl halbrunde, nach außen erkerartig aus der Mauer vorkragende und an der Stadtseite offene Wiekhäuser besonders geschützt. Diese waren wahrscheinlich nur wenig höher als die Mauer.
An gefährdeten Stellen musste die Befestigungsanlage durch Türme verstärkt werden. In Greifswald war dies im Nordosten und im Nordwesten der Fall. Hier bildete die Stadtmauer jeweils einen fast rechten Winkel, was wiederum ein totes Schussfeld ergab. Vangen- und Ravensturm traten deshalb etwa um ein Drittel ihres Umfangs aus der Mauerflucht hervor und konnten somit die Mauer seitwärts, flankierend, schützen. Der nordöstliche Eckturm der Stadtbefestigung, der Vangenturm, hatte einen zylindrischen Baukörper, vier Geschosse und war durch einen spitzen Kegelhelm abgeschlossen. Bautechnische und formale Merkmale sprechen nach dem Urteil der neueren Bauforschung für eine Entstehung dieses Bauwerks in der Zeit um 1270/1280.

19 | Dr. Heinrich Rubenow, Bürgermeister 1449–1462, Öl auf Leinwand, von Georg Friedrich Bolte (1814–1877)

20 | Der Ravensturm auf einer Zeichnung wohl von der Hand Theodor Pyls

21 | Wiekhaus östlich des Ravensturms, auf einem Feldsteinfundament stehend, November 2008. Dieses Wiekhaus wurde wahrscheinlich im 16. Jh. grundlegend umgebaut und mit Schießscharten versehen.

22 | Wiekhaus südlich des Ravensturms, an der westlichen Stadtmauer, November 2008

23 | Wiekhaus südlich des Wallausgangs der Domstraße, Zustand August 2007

Da von dem nordwestlichen Eckturm, dem Ravensturm, nur noch das Untergeschoss erhalten ist und zuverlässige Quellen fehlen, kann hier über die Anzahl der Geschosse und die ursprüngliche Höhe wenig ausgesagt werden. Der Durchmesser ist etwas kleiner als der des Vangenturms. Wahrscheinlich war aber auch der Ravensturm durch einen spitzkegeligen Helm bekrönt.

Jeweils östlich neben dem Kuh- und dem Brüggstraßentor stand ein weiterer Turm: der „Runde" und der „Blaue Turm". Wenn wir zeitgenössischen Darstellungen Glauben schenken dürfen, war der erstere am Kuhstraßentor größer im Grundriss als seine beiden Nachbarn, dafür aber niedriger. Er hatte ein abgestumpftes Kegeldach. Der letztere, der Blaue Turm an der Brüggstraße, war schlanker und höher und hatte Schieferdeckung, woher sich wohl sein Name ableitete. Im restlichen Mauerring gab es mit Ausnahme des 1305 genannten niedrigen Türmchens beim Franziskanerkloster sowie eines Turmes an der Hunnenstraße, der auf Stichen des 17. Jahrhunderts einen rechteckigen Grundriss und einen treppenförmigen Giebel aufweist, keine Flankierungstürme. Hier genügten bei dem gut befestigten Vorfeld die bereits genannten Wiekhäuser, von denen zumindest elf in den Quellen näher bezeichnet werden: zwei zwischen Ravensturm und Vettentor, sechs zwischen Vetten- und Fleischertor, eines in der Nähe der Rakower Straße sowie zwei im Osten zum Schutz der bereits erwähnten *porta secreta*. Die in verschiedenen Archiven und Bibliotheken überlieferten Greifswalder Festungspläne des 17. und 18. Jahrhunderts – älteres diesbezügliches Material existiert nicht – enthalten im Übrigen unterschiedliche Angaben zu Lage und Beschaffenheit der Wiekhäuser. Drei originale Relikte finden wir noch heute östlich bzw. südlich des Ravensturms sowie im südwestlichen Bogen der Stadtmauer südlich des Wallausgangs der Domstraße.

24 | Greifswald zur Hansezeit, 1560. Historisierendes Gemälde des in Wolgast geborenen Marinemalers Willy Stöwer (1864–1931). Die im Bild links, neben dem Vangenturm, dargestellte mächtige Bastion existierte im 16. Jh. noch nicht.

Die Fortifikationsanlagen bis zur Zeit des Dreißigjährigen Krieges

Im 15. und 16. Jahrhundert, geprägt durch *innerstädtische* Verfassungskämpfe, das Ringen breiterer Schichten der Einwohnerschaft um Teilhabe am Stadtregiment sowie, in den 1520er und 1530er Jahren, die Durchsetzung der Reformation, hatten die Greifswalder Befestigungsanlagen keine ernsthafte Probe zu bestehen. Dies änderte sich grundlegend im 17. Jahrhundert, als der Dreißigjährige Krieg (1618–1648), die große Auseinandersetzung zwischen den europäischen Großmächten, dem Reich und deutschen Territorialfürsten, im Jahre 1627 auch über pommersches Gebiet hereinbrach.

Unter Bogislaw XIV. (Regierungszeit 1620–1637) war das zuvor in Teilherzogtümer gegliederte Herzogtum Pommern in einer Hand vereinigt worden. In Vorpommern bestanden zwar infolge der geographischen Lage von Flussläufen, Mooren usw. relativ günstige natürliche Voraussetzungen zur Landesverteidigung. Die Eigeninteressen der Stände und die auf ihre Privilegien und Reservatrechte gegenüber dem Herzog pochenden Städte machten diese geographisch-topographischen Vorteile jedoch weitgehend zunichte. Erschwerend kam hinzu, dass die Defensionsanlagen der meisten umwallten Städte – Anklam, Greifswald, Demmin, Pasewalk, Ueckermünde – militärisch veraltet waren. Lediglich Stralsund hatte begonnen, sich nach niederländisch-bastionierter Manier zu befestigen, während die herzogliche Residenz in Wolgast, das italienisch-bastionierte Schloss, immerhin als starke Festung galt. Der Herzog und die Regierungsräte unternahmen nur schwache Anstrengungen, um wirksame Maßnahmen zur Verteidigung des Landes zu ergreifen. Infolge dieser Versäumnisse stand das Land jedem feindlichen Einfall offen.

Der einst im Ostseeraum so mächtige Bund der Hanse hatte diese Machtstellung seit dem 16. Jahrhundert verloren. In den Jahren vor Ausbruch des Krieges zählte die Hanse kaum mehr als ein Dutzend beisteuernde bzw. stimmfähige Städte, zu denen die pommerschen Städte Stettin, Stralsund und Greifswald allerdings gehörten. Die Städte waren einem Ansturm der Söldnerheere der kriegführenden Parteien jedoch ziemlich schutzlos ausgeliefert. Das Aufgebot der männlichen Stadtbewohner allein reichte für eine erfolgversprechende Verteidigung nicht mehr aus. Andererseits kam eine Anwerbung fremder Söldner für viele Städte nicht in Betracht, da sie die hierfür notwendigen finanziellen Mittel nicht aufbringen konnten oder wollten. Die allgemeine Einführung des technisch verbesserten Pulvergeschützes erforderte aber eine Verteidigung schon im Vorfeld der Stadt, sollten die Befestigungsanlagen nicht bereits beim ersten Beschuss schwer beschädigt oder zerstört werden. Wie im Falle vieler vorpommerscher Städte befanden sich auch

25 | Älteste authentische Greifswalder Stadtansicht, aquarellierte Federzeichnung eines unbekannten Künstlers, um 1615 (aus der sog. Stralsunder Bilderhandschrift)

26 | Albrecht von Wallenstein (1583–1634). Stich nach einem Gemälde von Anthonis van Dyck, 1630er Jahre

die ohnehin veralteten Greifswalder Wehranlagen in einem schlechten oder gar baufälligen Zustand.

Einen Eindruck von der Beschaffenheit der Greifswalder Fortifikationsanlagen am Vorabend des Dreißigjährigen Krieges vermittelt die älteste authentische Stadtansicht, eine um 1615 entstandene, heute im Stadtarchiv Stralsund aufbewahrte aquarellierte Federzeichnung. Der unbekannte Künstler schaute vom Norden, sein Standort befand sich jenseits des Rycks, auf die Stadt. Mit bemerkenswerter Detailgenauigkeit bildete der Meister nicht nur die die Stadtsilhouette dominierenden Monumentalbauten, sondern auch die Ringmauer mit Toren und Türmen, die Wohnhäuser, die im östlichen und nördlichen Vorfeld der Stadt, außerhalb der Mauer, befindlichen Hospitalgebäude und den Hafen ab. Unschwer zu erkennen ist, dass der Konstruktion der mittelalterlichen Stadtmauer lediglich der Gedanke der einfachen frontalen Verteidigung zugrunde gelegen hatte. Immerhin ermöglichten Türme und (auf der Zeichnung nicht sichtbare) Rondelle oder Wiekhäuser eine zumindest partielle Flankierung des Angreifers und eine ebensolche Grabenverteidigung. Obgleich uns der Blick auf die stärker befestigte (weil stärker gefährdete) Südseite der Stadt verwehrt ist und die de facto vorhandenen Wälle und Gräben nicht zu erkennen sind, verdeutlicht die Zeichnung, dass ein wie auch immer geartetes Bastionärsystem, das sich seit dem 16. Jahrhundert, zunächst in Gestalt der altitalienischen Manier, im Festungsbau auch in Deutschland durchzusetzen begann, nicht existierte. Man wird folglich konstatieren müssen, dass die Greifswalder Defensionswerke, die im Kern noch die Züge mittelalterlicher oder einfacher Renaissancebefestigungen trugen und sich jedenfalls nicht auf der Höhe der Zeit befanden, die Bezeichnung „Festung" im Grunde nicht verdienten.

Von dem 1618 ausgebrochenen großen Krieg war Greifswald zunächst verschont geblieben, wurde in dessen weiterem Verlauf jedoch umso härter getroffen. In den ersten Kriegsjahren wurde die Stadt nur insofern berührt, als sie – obschon eigentlich seit 1296 von dieser Pflicht befreit – dem Pommernherzog als Landesherrn Heerfolge leistete. 1626 warb die Stadt Greifswald zu diesem Zweck eine Kompanie, bestehend aus hundert Mann Fußvolk, deren Ausrüstung und Unterhaltung den Bürgern mittels einer außerordentlichen Steuer auferlegt wurde. Der Krieg rückte nach dem Sieg des kaiserlichen Feldherrn Albrecht von Wallenstein (1583–1634) über ein protestantisches Heer unter Ernst von Mansfeld an der Dessauer Elbbrücke im April 1626 näher an die Landesgrenze heran. Die kaiserlichen Armeen unter Tilly und Wallenstein eroberten große Teile Norddeutschlands.

Obwohl Lutheraner und der „evangelischen Sache" zugetan, schwankte Pommernherzog Bogislaw XIV. in der ebenso verzweifelten wie trügerischen Hoffnung, sein Land vor den Drangsalen des Krieges bzw. einer Einquartierung bewahren zu können, zwischen Neutralität und – in seiner Eigenschaft als Reichsfürst – Loyalität zum Kaiser. Am 19. Mai 1626 alten Stils (d.h. nach dem Julianischen Kalender, dem gegenüber der in den katholischen Gebieten geltende Gregorianische Kalender 10 Tage voraus war) befahl Herzog Bogislaw den Greifswaldern, ihre „Stadt, Wälle, Graben, Mauern, Thöre, Gegitter und Schlagbeume, auch Mehrhafen [Seehafen, gemeint ist der Wiecker Hafen – d. Verf.], Pforten und Pässe, in fleißiger obacht zu halten, dieselben neben dem Geschütz und anderer munition so viel möglich, zu verbessern". Diese Mahnung war nicht unbegründet. Die Städte verschlossen sich der Einsicht in die Notwendigkeit einer aufwändigen und kostspieligen Verteidigung und versuchten, sich ihren Verpflichtungen zu entziehen. Endlich begann man in Greifswald im Februar 1627, ein wenig an den Befestigungsanlagen zu arbeiten, wobei man sicher kaum mehr als die nötigsten Instandsetzungsarbeiten durchführte, und den Wiecker Hafen zu sichern. Man befürchtete eine Landung der protestantischen Truppen Schwedens oder Dänemarks, was unweigerlich militärische Gegenaktionen der kaiserlich-katholischen Seite nach sich gezogen und das Land zum Kriegsschauplatz gemacht hätte. Das Schicksal, in die Kriegswirren hineingezogen und von fremden Truppen besetzt zu werden, blieb Pommern und damit Greifswald jedoch nicht erspart. Bereits am 10. November 1627 sah sich Pommernherzog Bogislaw XIV. gezwungen, dem Druck Wallensteins nachzugeben und in der Kapitulation von Franzburg sein Land den kaiserlichen Truppen zu öffnen. Mit der Besetzung Pommerns verfolgte der kaiserliche Feldherr und „Kriegsunternehmer" Wallenstein zwei Hauptziele: Zum einen wollte er ein Eindringen schwedischer Truppen in Pommern verhindern, zum anderen benötigte er zum Unterhalt seiner Truppen ein noch nicht durch die Kriegsfurie verheertes Territorium. Pommern wurde, obwohl protestantischer Landesreligion, in das katholische Bündnis gezwungen. Danach wurde das Herzogtum mit Ausnahme weniger Städte, im Wesentlichen der fürstlichen Residenzen, mit Einquartierung, die mit Besatzung gleichzusetzen ist, belegt. Den Oberbefehl über die in Pommern einrückenden Wallensteinschen Truppen führte Oberst Hans Georg von Arnim, der später, 1628, zum Feldmarschall ernannt werden und die kaiserlichen Truppen bei der Belagerung Stralsunds befehligen sollte.

In Greifswald rückten am 20. November 1627 fünf Kompanien kaiserlicher Reiter unter dem aus Böhmen stammenden Obersten Johann Wratislaw von Pernstein ein. Einer Angabe vom Juni 1628 zufolge belief sich die Mannschaftsstärke auf über 1.000 Mann, den umfangreichen Tross nicht mitgerechnet. Wie Arnim hielt sich damals auch Wallenstein selbst mehrfach, freilich nur kurzzeitig, in Greifswald auf. Seit der Stadtgründung war es das erste Mal, dass Greifswald innerhalb seiner Mauern fremde Besatzungstruppen beherbergen musste. Damit begann eines der düstersten Kapitel der Greifswalder Stadtgeschichte. Nahezu vier Jahre lang litten die Stadtbewohner unter der Last der Einquartierung, der Kontributionen und den Übergriffen einer zügellosen Soldateska.
Da der Seehandel mit Dänemark und Schweden völlig zum Erliegen kam und ein weiterer wichtiger Wirtschaftsfaktor, die Fischerei, stark beeinträchtigt wurde, setzte eine Verarmung der Bürger ein. Felder blieben unbestellt und die Ernte konnte nicht eingebracht werden, was Hungersnöte zur Folge hatte.

27 | Wallensteins Feldherr Hans Georg von Arnim (1583–1641)

28 | Musketier mit Luntenschlossgewehr, Anfang des 17. Jh. (nach Jacob de Gheyn: Waffenhandlung, 1608)

Am 5. August 1630, noch unter dem Kommandanten Oberst Franz Marrazan, wurde gegen den Widerstand des Greifswalder Rates das vorstädtische, vor dem Steinbeckertor gelegene Heiliggeisthospital (St. Spiritus), mit Ausnahme der Kapelle, in Brand gesetzt. An dessen Stelle entstand eine Bastion, das „Hohe Werk", ein gedecktes und stark befestigtes Erdwerk. Marrazan wurde am 9. September 1630 durch den Obersten Francesco Ludovico di Perussi (von den Zeitgenossen häufig Perusius genannt) abgelöst, der die Befestigungen noch stärker ausbauen ließ. Die Einwohner der Stadt mussten ständig schanzen, um die vorhandenen Fortifikationsanlagen zu verstärken und neue anzulegen. Selbst die Professoren und anderen Universitätsangehörigen wurden, unter Missachtung ihrer Immunität, nicht verschont. Am 18. November 1630 ließ Perusius die Mühle des St. Spiritus-Hospitals vor dem Vettentor niederbrennen, wo ebenfalls die Befestigungswerke verstärkt wurden. Im Frühjahr 1631 wurden weitere Mühlen vor der Stadt verbrannt, die im Beobachtungs- und Schussfeld standen und Belagerern keine Deckung oder Quartier bieten sollten. Aus dem gleichen Grund mussten die östlich der Stadt, vor dem Mühlentor, gelegenen Hospitäler St. Georg und St. Gertrud im Februar 1631 abgebrochen werden, ebenso die Kapelle des im August des Vorjahres in Asche gelegten St. Spiritus-Hospitals an der Stralsunder Straße. Das Hospital St. Gertrud befand sich auf dem heute annähernd ein gleichschenkliges Dreieck mit dem Scheitelpunkt Platz der Freiheit beschreibenden Areal zwischen Rudolf-Breitscheid-Straße, Anklamer Straße und Wolgaster Straße. Das Leprosenhaus St. Georg lag weiter östlich etwa im Bereich der heutigen Schillstraße. Wegen dieser und anderer Zwangsmaßnahmen gegen die städtische Bevölkerung ist Perusius als *diabolus incarnatus*, als „leibhaftiger Teufel", in die Greifswalder Stadt-

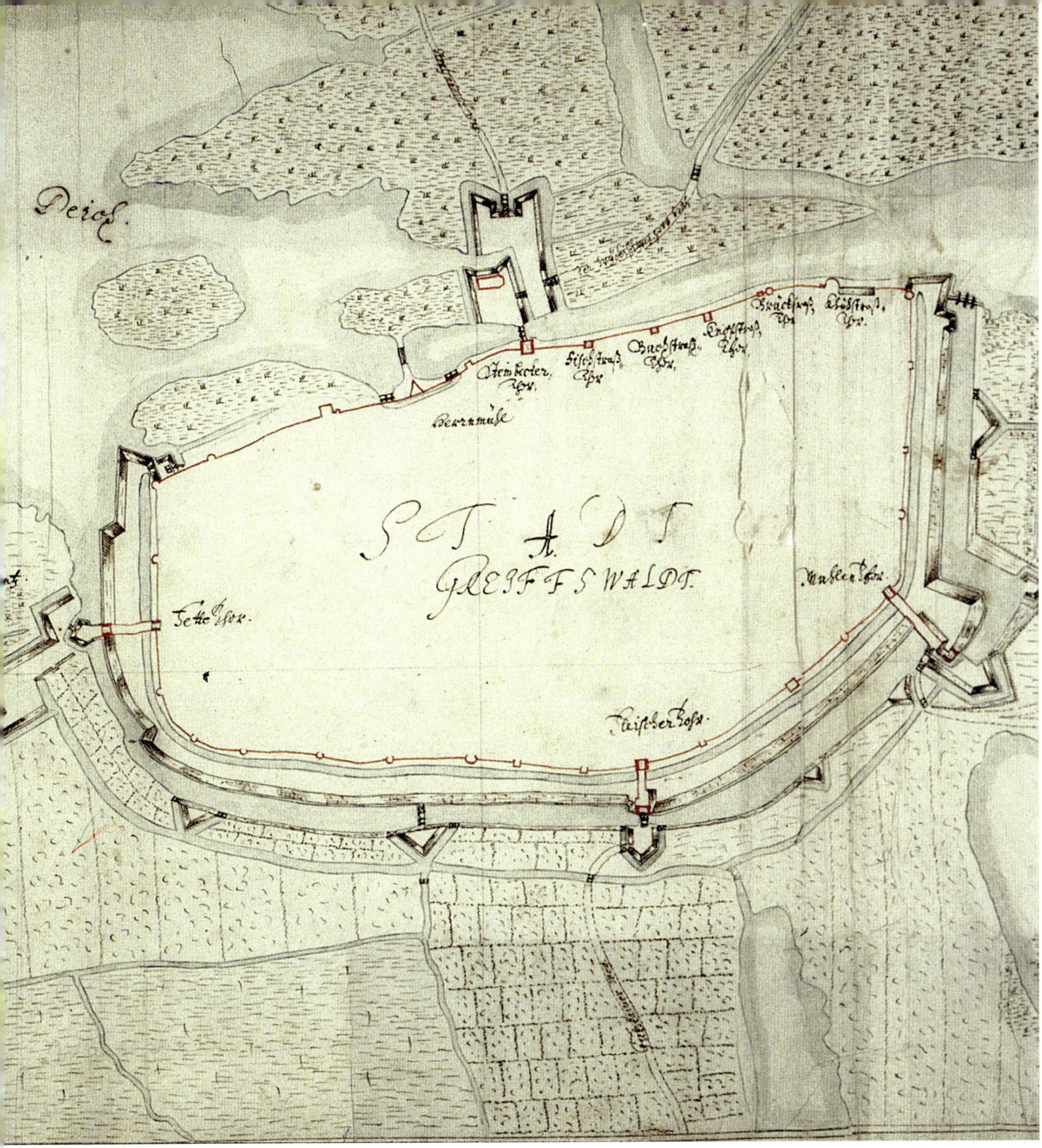

32 | Plan der Greifswalder Befestigungsanlagen (Ausschnitt), gezeichnet von dem schwedischen Militäringenieur Sigismund Weider im Jahre 1644, als sich die Stadt bereits im schwedischen Machtbereich befand (zu S. 27)

geschichte eingegangen, während er übrigens in der schwedischen Historiographie, also in der Perspektive des Kriegsgegners, äußerst respektvoll als besonders umsichtiger und tapferer Kommandant bezeichnet wird. Aus heutiger – Greifswalder – Sicht wird man Perusius als energischen und tatkräftigen, wenn auch überaus rücksichtslosen Mann charakterisieren müssen, der mit großer Härte gegen Widerstände vorging und buchstäblich alles dem unterordnete, was er als soldatische Pflichterfüllung und Kriegsnotwendigkeit erachtete. Auf diese Weise gelang es ihm in erstaunlich kurzer Zeit, die unzulänglichen Greifswalder Befestigungsanlagen derart zu verstärken, dass sie in einer historischen Quelle anerkennend wie folgt beschrieben wurden: „Der Wall oben war 24 Schuhe dicke, hat tiefe Gräben, tief und breit, und voll Wasser, eine ganz neue Contre-Scarpe, und Pallisaden."

33 | Vermeintliche Beinschienen des Obersten Perusius, sog. Perussistiefel, in der Greifswalder Marienkirche

Ein Jahr nach der Landung des Schwedenkönigs Gustav II. Adolf auf Usedom war Greifswald die letzte Stadt in Vorpommern, die sich noch in kaiserlicher Gewalt befand. Ein kaum mit Nachdruck am 31. August 1630 vorgetragener Versuch der Schweden, die Stadt im Handstreich zu nehmen, war abgewiesen worden. Am 11. Juni 1631 wurde Perusius bei einem Aufklärungsritt nördlich der Stadt in Richtung Neuenkirchen von schwedischen Reitern erschossen. Fünf Tage später übergab sein Nachfolger die Stadt gegen freien Abzug (Akkord) an die schwedischen Belagerer. Die Übergabe erfolgte ohne militärische Notwendigkeit, bewahrte die Stadt aber vor Zerstörungen und unzählige Bewohner vor Tod oder Verwundung. Die Befestigungsanlagen hatten keine Probe ihrer Güte ablegen müssen, wurden jedoch vom schwedischen König Gustav Adolf anlässlich einer Besichtigung am 17. Juni 1631 gelobt. „Der König ist [...] persönlich alhie eingeritten", heißt es dazu in Merians berühmter „Topographia Germaniae", „hat [...] folgends die Wercke der Statt besichtiget/und Sie gut befunden." Der Schwedenkönig verstand etwas davon, Greifswald konnte also nach seinem Urteil als gut befestigte Stadt gelten, was die Schweden sich in den Folgejahren zunutze machen sollten. Auf der Grundlage von Verträgen, in denen der Pommernherzog Bogislaw XIV. dem Schwedenkönig nach dessen Invasion das „Kriegs-Regiment" übertragen hatte, wurde eine schwedische Garnison in die Stadt gelegt.
Nach vier Jahren kaiserlicher Besatzung und Ausplünderung befanden sich die Stadt Greifswald und ihre verarmten Bewohner am Rande des wirtschaftlichen Ruins. Obgleich die schwedische Regierung bald nach dem Einzug des schwedischen Militärs Hilfsmaßnahmen für die Stadt und die Universität anordnete, sollten noch Jahrzehnte vergehen, ehe sich die einst bedeutsame Hansestadt von den Drangsalen des Krieges einigermaßen erholt hatte.

Die Festung Greifswald in der schwedischen Militärkonzeption für die Provinz Pommern

Der Westfälische Frieden beendete am 14./24. Oktober 1648 den Dreißigjährigen Krieg. Schweden erreichte eines seiner Hauptziele: Es erhielt neben anderen Gebieten ganz Vorpommern mit Rügen, die Inseln Usedom und Wollin, die Odermündungen, das Haff sowie Stettin und einen Landstrich östlich der Oder als festländische Provinz zugesprochen und dehnte damit seinen Herrschaftsbereich auf die südliche Ostseeküste aus. Die neu gewonnenen Territorien lagen allerdings relativ weit von den schwedischen Kernlanden entfernt. Zudem war es absehbar, dass die alten Rivalen im Ringen um das *Dominium maris Baltici* der neu aufgestiegenen Großmacht das Feld nicht kampflos überlassen würden. Es kam also aus Sicht der schwedischen Krone darauf an, die Erwerbungen des Krieges auch über dessen Ende hinaus militärisch zu sichern. Dieses Vorhaben wurde noch unter Gustav II. Adolf (der im November 1632 in der Schlacht bei Lützen den Tod fand), also mehr als anderthalb Jahrzehnte vor Abschluss des Westfälischen Friedens, welcher die Schweden in staats- und völkerrechtlicher Hinsicht erst zu jenen Herren des Landes machte, die sie de facto, durch Kriegsrecht, bereits waren, durch den Ausbau vorhandener und die Anlage neuer Befestigungen in Angriff genommen. Zu diesem Zweck wurden Fortifikationsoffiziere nach Norddeutschland entsandt, die den vorhandenen Bestand an festen Plätzen zu kartieren und bauliche Verbesserungen vorzuschlagen bzw. durchzuführen hatten.

Mitte der 1630er Jahre musste eingeschätzt werden, dass die Verteidigungswerke vieler vorpommerscher Städte der Reparatur bedurften. Schon am 10. Juni 1633 hatte der schwedische General Åke Tott (1598–1640) an den Reichskanzler in Stockholm berichtet, dass die Befestigungen „überall" in schlechtem Zustand seien und in diesem Zusammenhang neben Stralsund – zwei Jahre nach dem positiven Urteil Gustav Adolfs – ausdrücklich auch Greifswald erwähnt. In Folge dessen betrieb die schwedische Militärmacht systematisch den Ausbau der vorpommerschen Festungen, so besonders in Stralsund, Stettin, Demmin und Greifswald. In der Stadt am Ryck ist ab 1638 ein sonst nicht näher identifizierbarer Erich Nielsson als *vallsättare,* Wallsetzer, mit einem Monatslohn von lediglich drei Reichstalern nachweisbar. Auch in den 1640er Jahren arbeitete man an den pommerschen Befestigungsanlagen, wobei unter der Leitung des in schwedischen Diensten stehenden Festungsbauingenieurs Sigismund Weider 1645–47 insbesondere Stralsund und Demmin weiter verstärkt wurden. 1644 zeichnete Weider Entwürfe für den Greifswalder Befestigungsausbau (siehe S. 24–25) und arbeitete wohl – mit Hilfe des nunmehr, 1646, als *vallmästarelöjtnant*, Wallmeisterleutnant, bezeichneten Erich Nielsson – auch an deren Umsetzung.

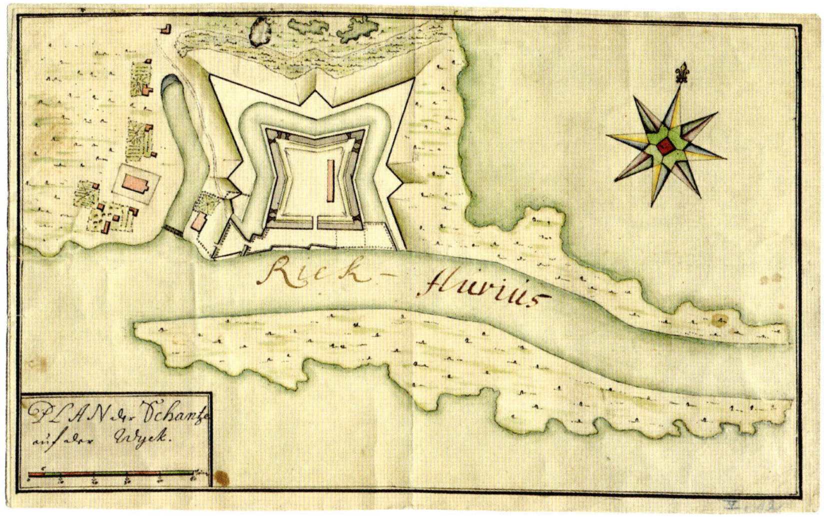

34 | Plan der Wiecker Schanze an der Ryckmündung, am nördlichen Ufer, kolorierte Zeichnung von unbekannter Hand, um 1713

An der Ryckmündung, in Wieck, ist eine mit kaiserlichen Soldaten belegte Schanze bereits für das Jahr 1628 nachweisbar. Ob dieses Verteidigungswerk mit jenem identisch ist, das die Schweden in den 1630er Jahren auf dem städtischen Teil des Ortes Wieck zur Sicherung der Hafenansteuerung nach Greifswald anlegten bzw. ausbauten, ist ungewiß. Es handelte sich hierbei um eine viereckige Sternschanze mit tiefem Graben und gedecktem Weg. Von Beginn an sah man sich mit dem Problem konfrontiert, dass, wenn bei Wind aus östlichen und nordöstlichen Richtungen das Wasser aus der Dänischen Wiek in die Ryckmündung eindrang, das Erdwerk durch die Strömung beschädigt und abgetragen wurde. Abhilfe sollte eine

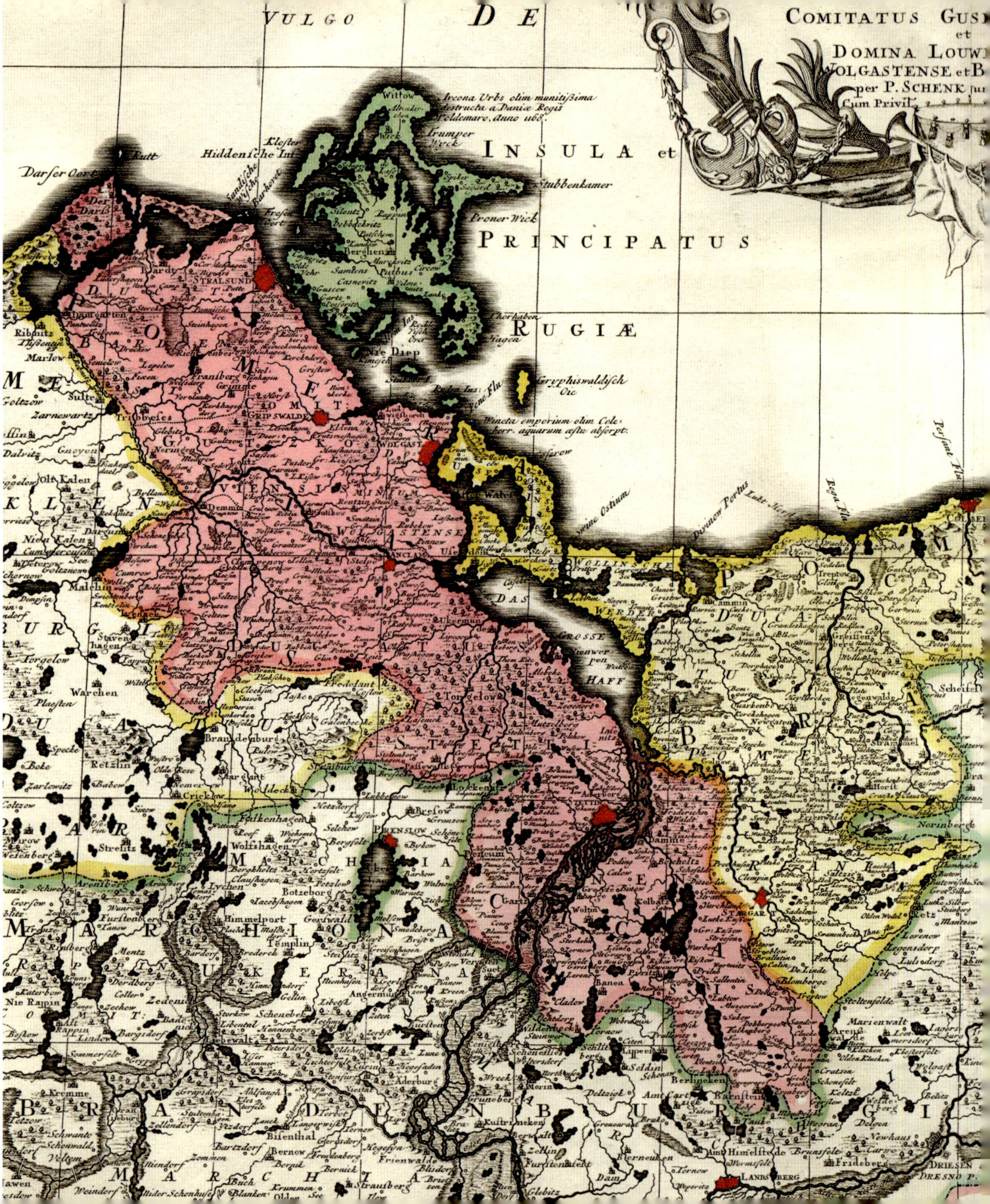

35 | *Ausschnitt aus einer undatierten Karte von Pommern, einem Werk des Kartographen und Kupferstechers Peter Schenk d.J. (1698–1775). Nach der hier dargestellten territorialen Gliederung Pommerns und dem Umfang des schwedischen Anteils („POMERANIA SUECICA") dürfte die Karte um (oder kurz vor) 1720 entstanden sein.*

Verlegung der Schanze bewirken, die Mitte der 1660er Jahre erwogen, dann aber wieder verworfen wurde. Statt dessen glaubte man, der Abspülung durch eine Befestigung mit Ziegelsteinen begegnen zu können, was allerdings zumindest bis 1668 noch nicht geschehen war. Das Baumaterial für die Arbeiten an der Schanze gewann man zum Teil durch Abbruch aus dem auf der anderen Seite des Rycks gelegenen Kloster Eldena. Die kleine Besatzung der Wiecker Schanze – wohl bis zu 30 Mann, in Friedenszeiten erheblich weniger – musste von Greifswald aus versorgt werden. Artillerie befand sich offenbar nur zeitweilig in der Schanze. Während der schwedischen Landesaufnahme (die kartographische Vermessung erfolgte 1697, eine Revision 1705) versahen dort lediglich ein Korporal und ein Konstabler (Büchsenmeister) ihren Dienst.

Das nunmehrige Schwedisch-Pommern war während und im Ergebnis des Dreißigjährigen Krieges aus einem hinsichtlich des Festungsbaus vernachlässigten Landstrich in eine der am stärksten befestigten Regionen Deutschlands verwandelt worden. Nach dem Verständnis der schwedischen Krone galt die Provinz als *antemurale regni*, als „Vormauer des Reichs", also militärischer Vorposten. Nach Osten wurde das Gebiet durch die Oderlinie und deren nördliche Verlängerung, die Dievenow, geschützt. Hier lagen die festen Plätze Stettin, Damm (Alt-Damm), Wollin und Dievenow. Einen zweiten Verteidigungsabschnitt bildeten die Uecker und die Swine mit den Werken in Ueckermünde, Neuwarp und an der Swinemündung. Schließlich sicherten die an der Trebel-Peene-Linie, einer sumpfigen Barriere, in einem weiten Halbrund liegenden Festungen Damgarten, Tribsees (nach Westen und Südwesten), Demmin, Loitz, Anklam und Anklamer Fährschanze (nach Süden und Südosten) das übrige Vorpommern. Am westlichsten Oderausgang, der Peene bzw. deren Mündung, lagen Wolgast, Peenemünde und die befestigte Insel Ruden. Alle diese Defensionswerke nutzten natürlich-geographische Gegebenheiten wie Moore und Flussniederungen aus und waren – bis auf Loitz – überwiegend in der neuen, bastionierten Befestigungsart erbaut. Wie das ökonomisch und militärstrategisch noch bedeutendere Stralsund, das durch eigene starke Fortifikationsanlagen sowie solche auf der Insel Rügen gesichert war, bildete auch die Stadt Greifswald mit der ihr vorgelagerten (und gleichsam mit ihr kommunizierenden) Schanze in Wieck innerhalb dieses Festungssystems einen eigenständigen Abschnitt. Im Unterschied zu den „Hauptfestungen" Stettin und Stralsund wurde Greifswald durch die schwedische Militärführung – ebenso wie Demmin, Anklam, Wolgast und andere Plätze – als „kleine" Festung klassifiziert. Parallel zum Ausbau des Festungssystems wurde das Proviant-, Nachschub- und Quartierwesen der schwedischen Armee in Pommern eingerichtet.

In den Festungen wurden Truppen permanent stationiert. Die Stärke der Garnisonen hing ab von den militärstrategischen Erfordernissen und dem verfügbaren Potential. So lagen in Greifswald schwedischen Quellen zufolge beispielsweise Ende der 1630er Jahre 650 Mann, während in den 1660er Jahren dort noch etwa 200–300 Soldaten garnisoniert waren. Ihrer Mentalität, ihrem Habitus und ihrer Sprache nach fremdartig anmutende Soldaten schwedischer, finnischer oder anderer Nationalität wurden mitsamt ihrem familiären „Appendix" in den Bürgerhäusern einquartiert und teilten – nolens volens und durchaus nicht ohne Probleme – den Alltag der Stadtbewohner. Das aus der Einquartierung erwachsende Ungemach verringerte sich nur unwesentlich, wenn die Kombattanten, um an Feldzügen teilzunehmen, die Garnison verließen und Kranke,

36 | Carl Gustav Wrangel (1613–1676). Kupferstich aus dem „Theatrum Europaeum", Bd. 6 (1652)

37 | Erich Jönsson Dahlbergh (1625-1703)

Marschunfähige sowie ihre unversorgten Familien, also Frauen, Kinder und sonstige Angehörige, in der Stadt zurückließen.
Auf der anderen Seite stärkte die Anwesenheit des schwedischen Militärs die Autorität der städtischen Obrigkeit, also des Rates, der in seinem – zivilen – Bereich die Exekutivgewalt ausübte und sich zur Durchsetzung seiner Anordnungen des Militärs bedienen konnte. So richteten Bürgermeister und Rat der Stadt Greifswald beispielsweise am 27. Oktober 1707 die Bitte an die schwedische Provinzialregierung in Stettin, wieder eine Garnison nach Greifswald zu verlegen. Nach dem vor einiger Zeit erfolgten Abzug der bislang in Greifswald stationiert gewesenen „National-Recruiten" (schwedisch-finnische Verbände) sah sich der Rat nämlich nicht mehr in der Lage, „an diesem gantz erschöpfften Ohrte" ohne Unterstützung durch das Militär, d.h. ohne militärische Exekution, die Steuern und Kontributionen von den Bürgern fristgemäß und in voller Höhe einzutreiben. Die solchergestalt umrissene *polizeiliche* Funktion des Garnisonsmilitärs wird auch bestätigt durch eine Order an den Capitain (Hauptmann) von Yhlen vom 23. August 1796, wonach dieser mit einem Truppenkontingent zur Garnison nach Greifswald kommandiert wurde mit dem ausdrücklichen Befehl, den „Gerichten, Obrigkeiten und Magisträten die nöthige Handreichung zu leisten, um Ordnung zu halten, Gehorsam gegen die Befehle der Gerichte und des Magistrats auch derer Obrigkeiten zu bewürken [und] Ruhe und allgemeine Sicherheit zu befördern".
Wie in anderen Garnisonsstädten prägten auch in Greifswald die typischen Bauten der Militärarchitektur das Stadtbild: Neben den Festungswerken waren dies u.a. die Hauptwache auf dem Markt, die Torwachen, das Zeughaus, Proviantmagazine und die charakteristischen Wachhäuschen (*Corps de Garde*) auf den Wällen etc.

Festungsbau, Garnisonswesen und Truppenversorgung in Schwedisch-Pommern wurden in die Administration der Provinz integriert. Das Festungswesen unterstand dem Generalgouverneur, der als direkter Stellvertreter des schwedischen Königs zugleich den Oberbefehl über alle im Lande stationierten Truppen ausübte. Die dieses Amt prägende Persönlichkeit war Carl Gustav Wrangel, Reichsrat, Feldmarschall, Reichsadmiral und, 1648–1676 (mit Unterbrechung 1652–1656), Generalgouverneur Schwedisch-Pommerns. Die letzte Entscheidung in allen militärstrategisch wichtigen Fragen – also auch denen des Festungsbaus – behielt sich jedoch der schwedische König vor, der sich auf das Kriegskollegium und einen engen, aus hohen Militärs, dem Generalgouverneur und anderen Würdenträgern bestehenden Beraterkreis stützte.
Bereits im Februar 1646 war der Generalquartiermeister und Oberst Conrad von Mardefelt zum „Generalinspekteur" über alle schwedischen Festungen in Pommern, Mecklenburg und Westfalen ernannt worden. Der für seine Verdienste als Fortifikationsoffizier in den schwedischen Adelsstand erhobene Mardefelt bekleidete später, neben anderen hohen Ämtern, auch das des Vizegouverneurs in Schwedisch-Pommern (1668–1672).
Im Juni 1647 nahm Mardefelt den zu diesem Zeitpunkt 21-jährigen Erich Jönsson Dahlbergh als speziell für Pommern zuständigen sog. *konduktör* (*conducteur*) in seine Dienste. Zur Unterstützung Mardefelts hatte Dahlbergh diesen bei seinen jährlichen Inspektionsreisen zu begleiten. Dahlbergh sollte sich in der Folge in seiner Tätigkeit als Generalquartiermeisterleutnant und Oberstleutnant auf dem Gebiet des Befestigungswesens in einer Weise auszeichnen, dass man ihn – unter Anspielung auf den berühmten französischen Festungsbaumeister unter Ludwig XIV. – als den „*Vauban Schwedens*" bezeichnet hat. Nach dem Friedensschluss von 1648 behielt Mardefelt, nunmehr (bis 1654)

Von Ihr. Königl. Mayst. zu Schweden/ rc.
zum Pommerschen Estat verordnete General-
Stathalter und Regierung.

Aldieweil die Zeit abereins herbey kompt/ da die Fortifications-Arbeit bey den Vestungen zur Hand genommen/ und die im Haupt-Commission-Recess für dieses 86.ste Jahr dazu auffgeführte 1000. Reichsthal. Fortifications- und 3000. Reichsthal. Fuhr-Gelder employret werden müssen; So hat man die von der Ritterschafft/ die Hypothecarien der Aempter/ und Städte/ hierdurch erinnern wollen/ nach itziger Reduction der 5000. Hufen von einer jeden 38½. ßl. Vor-Pom. bey den Königl. Rent-und Proviant-Meisteren innerhalb 14. Tagen à dato publicationis dieses Patents einzubringen/ und durch die im gesetzten termino zuverfügende ungesäumbte Bezahlung sich aller weiteren Ungelegenheit zu entheben. Uhrkündlich eigenhändiger Unterschrifft und fürgedruckten Gouvernements Insiegels. Datum Stettin/ den 16. Aprilis. Anno 1686.

L.S.

O. W. Königsmarck.

B. D. v. Wolfframbsdorff. F. E. Behr. H. M. Norman.

B. E. Jäger.

38 | *Regierungspatent, die für den Festungsbau in Schwedisch-Pommern zu entrichteten Fortifikations- und Fuhrgelder betreffend, Stettin, 16.4.1686*

unter der Bezeichnung *generalingenjör*, die Oberaufsicht über die schwedischen Festungen südlich der Ostsee, wobei der Schwerpunkt seiner Tätigkeit in Pommern lag. Drei *konduktörer*, darunter Dahlbergh, gingen ihm zur Hand. In den Festungsstädten versahen Wallmeister und Wallsetzer ihren Dienst. Zu dem für das schwedische Militär in Pommern tätigen Festungspersonal zählten Baumeister, Inspektoren, Militäringenieure, -architekten und -kartographen, Werk- und Schanzmeister usw., welche die Befestigungsanlagen auf Inspektionsreisen begutachteten, Pläne für deren Ausbau entwarfen oder die Bauarbeiten vor Ort leiteten und beaufsichtigten. Hinzu kamen Handwerker verschiedenster Berufe, Schreib- und Hilfspersonal und andere Zivilbedienstete, welche sich natürlich auch aus der einheimischen Bevölkerung rekrutierten.

Die Befehlsstrukturen, Ämter- und Funktionsbezeichnungen sowie die Stellenbesetzungen wechselten im Laufe der Jahre, den Bürgermeistern und Räten der Städte aber blieb die Kompetenz für die Verteidigungsanlagen, was die Entscheidung über deren Ausbau und Instandhaltung oder auch deren Schleifung anging, dauerhaft entzogen. Diese letztere Aussage gilt auch für die Landstände, deren Privilegien der Westfälische Friedensvertrag zwar nicht angetastet hatte, denen die schwedische Krone eine Mitsprache in militärstrategisch wichtigen Angelegenheiten – und um eine solche handelte es sich zweifellos beim Festungswesen – aber selbstverständlich nicht wirklich zugestand. Hingegen erfolgte die Einziehung der Steuern und Kontributionen weiterhin (sieht man von einigen auch gravierenden Eingriffen der Schweden etwa in Bezug auf die Akziseverwaltung ab) in landständischer Regie, so dass v.a. in diesem Zusammenhang auch Fragen des pommerschen Festungs- und Garnisonswesens auf manchem Landtag verhandelt worden sind.

39 | *Beschießung einer ummauerten Stadt mit Pulvergeschützen, zeitgenössische Darstellung, 17. Jh.*

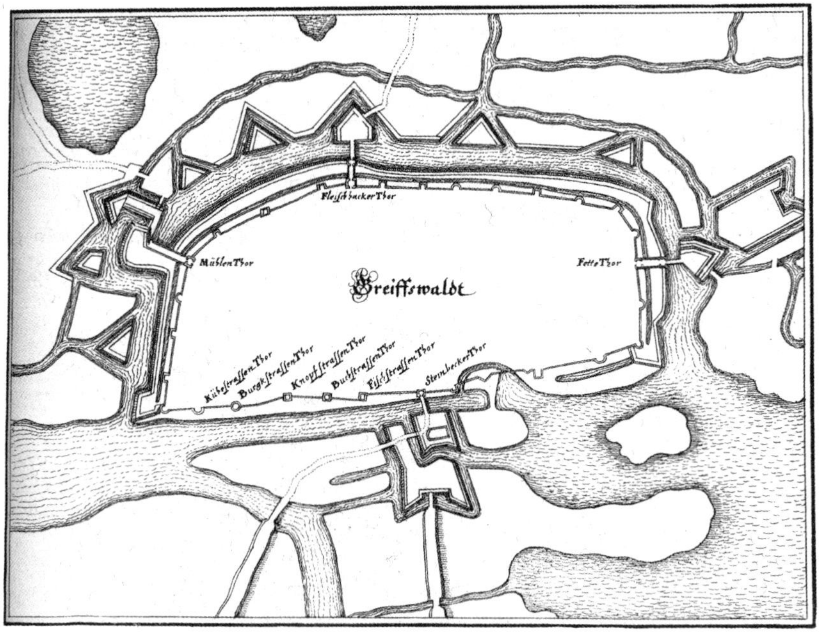

40 | *Befestigungsplan der Stadt Greifswald. Kupferstich von Matthäus Merian d.Ä. (1593–1650) aus der „Topographia Germaniae" (1652)*

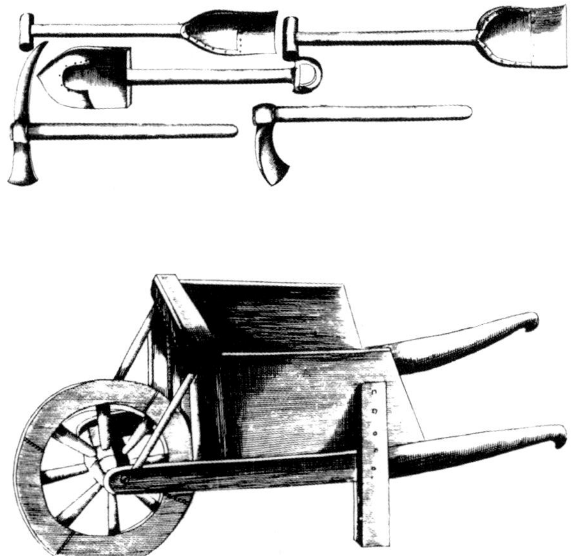

41 | *Schanzwerkzeug (Schaufeln, Spaten und Hacken) und Schubkarre zur Erdbewegung, zeitgenössische Darstellungen aus der ersten Hälfte des 17. Jh.*

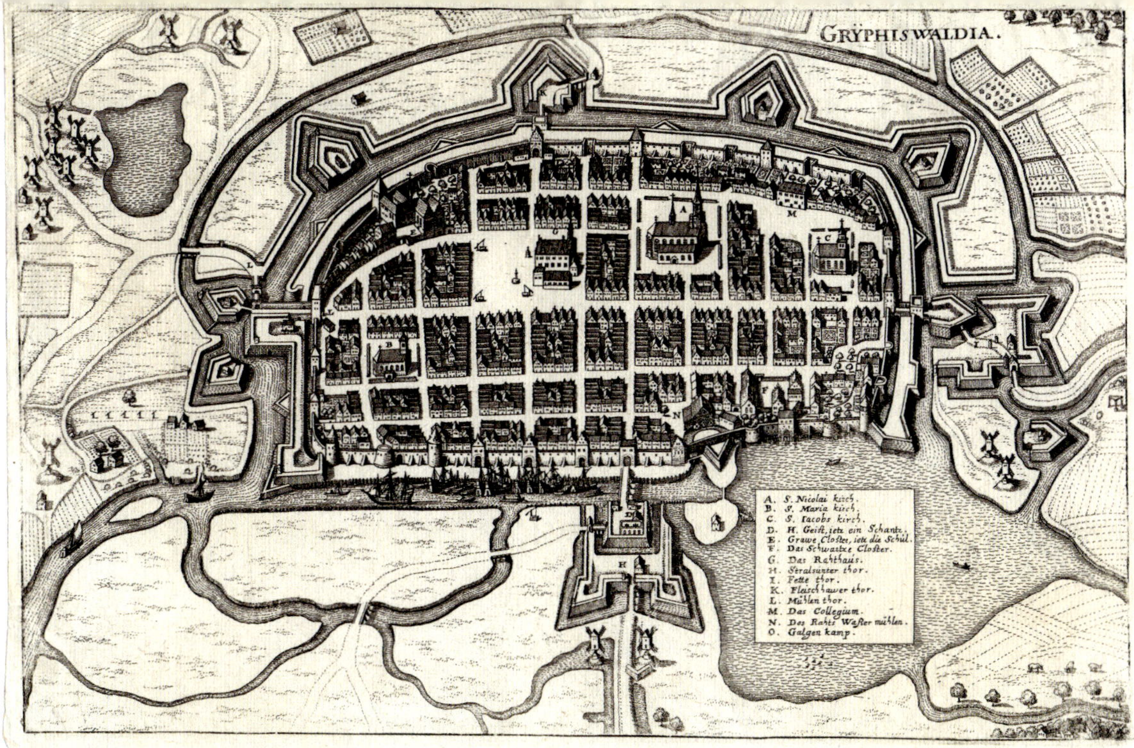

42 | Greifswald aus der Vogelschau – Matthäus Merians bekannter Kupferstich aus der „Topographia Germaniae“ (1652)

Die Stadtbewohner hatten nicht nur Einquartierungen zu erdulden sowie Kontributionen und Fortifikationsgelder aufzubringen, sie wurden auch zu den Schanzarbeiten herangezogen, sofern die schwedische Militärmacht sich nicht der Arbeitskraft angeworbener Lohnarbeiter bzw. der Soldaten der Garnisonstruppen bediente. Bau, Ausbau bzw. Instandhaltung von Bastionen und Werken waren ohne Erdbewegungen beträchtlichen Ausmaßes nicht möglich. Darüber hinaus oblag den Stadtbürgern die Pflicht zur Pflege der Wälle und Gräben, was sie nicht unerheblich daran hinderte, ihrem normalen Gewerbe bzw. eigentlichen Broterwerb nachzugehen. In den wasserführenden Festungsgräben mussten ständig der Krautwuchs beseitigt sowie, im Winter bei Frost, das Eis aufgebrochen werden, während es die Böschungen gegen Erosion zu sichern galt. Das für Bohlen, Palisaden, Staketen und Faschinen benötigte Holz schlug man teilweise in den Wäldern der Umgebung, häufig musste es jedoch aus weit entfernten Forsten auf dem Land- oder dem Wasserweg herantransportiert werden. Außer einem großen Holzvorrat waren für die praktisch permanent durchzuführenden Arbeiten ungeheure Mengen an Schanzzeug, also Spaten, Schaufeln, Hacken, Picken, Äxte etc. und zudem – zum Transport von Erdreich, Holz und Reisig – Fuhrwerke, Karren und Schanzkörbe, erforderlich, die ebenfalls oft genug eigens herbeigeschafft werden mussten.

Die wohl populärste, freilich nicht in allen Details korrekte frühneuzeitliche Greifswalder Stadtansicht entstammt dem bereits erwähnten Standardwerk der Städtebilder des 17. Jahrhunderts, der vielbändigen „Topographia Germaniae“ der Frankfurter Künstlerfamilie Merian. Der entsprechende Band des Sammelwerks, die „Topographia Electoratus Brandenburgici et Ducatus Pomeraniae“, erschien 1652 und enthält neben der bekannten Planansicht eine (hier nicht abgedruckte) Profilansicht Greifswalds von Norden sowie einen Plan der Befestigungsanlagen.

Insbesondere die in der Perspektive meisterhaft gestochene Planansicht – sie zeigt Greifswald aus der „Vogelschau" (S. 33) – wurde und wird bis heute häufig zur Erklärung und Illustration von Stadtgestalt und Stadtbild Greifswalds in der frühen Neuzeit herangezogen, zeigt sie doch die bedeutenden Bauwerke, die Befestigungsanlagen wie auch die Quartier- und Parzellenstruktur der alten Hansestadt in großer Anschaulichkeit. Allerdings verdeutlicht die Konfrontation der Merianschen Kupferstiche mit manch anderen zeitgenössischen Greifswalder Stadtansichten, mit speziell für militärische Belange gezeichneten Befestigungsplänen und selbst mit der topographischen Situation der heutigen Stadt, dass dem von Merians Werkstatt entwickelten Bildtypus inhaltlich und formal bestimmte standardisierte und schematisierte Gestaltungsprinzipien zugrundelagen, denen Vorrang vor unbedingter Authentizität eingeräumt wurde. So orientiert sich etwa, um nur ein Beispiel anzuführen, auf dem Merianschen Grundrissplan die Lage der vier Greifswalder Landtore an den Haupthimmelsrichtungen, was im Falle des sich tatsächlich im Südosten der Stadtbegrenzung befindlichen Mühlentors der Realität nicht entspricht. Die unpräzise Anordnung des Mühlentors im Osten hat wiederum Fehler in der Wiedergabe des Straßennetzes in diesem Bereich zur Folge, denn in Wirklichkeit verliefen die zu diesem Tor hinführenden Straßen nicht so geradlinig wie von Merian dargestellt. Ein Vergleich von Merians Greifswalder Stadtansicht mit Merianschen Darstellungen anderer Städte legt den Schluss geradezu zwingend nahe, dass die Wiedergabe v.a. auch der Wehranlagen, Mauern, Tore und Bastionen einem idealisierten Schema folgte. Diese Feststellung tut indessen der prinzipiellen Würdigung der Merianschen „Topographia Germaniae" als einem der herausragenden frühneuzeitlichen Werke geographischer Illustration keinen Abbruch.

43 | Friedrich Wilhelm von Brandenburg, der Große Kurfürst (1620–1688)

Den Zeitgenossen galt Greifswald in der Mitte des 17. Jahrhunderts als stark befestigter Platz, was Martin Zeiller (1589–1661), aus dessen Feder die Texte der Merianschen „Topographia" stammen, wie folgt zum Ausdruck brachte: „Es ist nunmehr Griphswald eine Real=Vestung/an Wällen/Bollwercken/50. Auffziechbrücken/und anderem/also verwahret/daß man Sie unter die vesteste Plätz zehlen kann." Ob diese Einschätzung zu Recht getroffen wurde, sollte sich schon bald, während der folgenden kriegerischen Auseinandersetzungen auf schwedisch-pommerschem Territorium, erweisen.

Greifswald in den Kriegen der zweiten Hälfte des 17. Jahrhunderts

Der Westfälische Frieden von 1648, der den Dreißigjährigen Krieg beendet hatte, barg die Ursachen und Gefahren neuer Kriege in sich. Nach alten, mehrfach erneuerten Erbfolgeverträgen sollte das gesamte Herzogtum Pommern beim Aussterben des pommerschen Herzoghauses an Brandenburg fallen. 1637 war mit Bogislaw XIV. der letzte Pommernherzog verstorben. Durch die Bestimmungen des Friedensvertrags von 1648 sah sich Brandenburg, obwohl durch anderweitigen Gebietszuwachs entschädigt, um einen Teil seines Erbes betrogen. So dauerte es nur elf Jahre, bis – während des schwedisch-polnischen Krieges (1655–1660) – vor Greifswalds Mauern wiederum ein fremdes Belagerungsheer stand. Diesmal waren es die Truppen des mit Polen, Dänemark und dem Kaiser gegen Schweden verbündeten Kurfürsten Friedrich Wilhelm von Brandenburg (Regierungszeit 1640–1688), der sich anschickte, die Stadt zu belagern.

Im Jahre 1659 befanden sich die schwedischen Truppen in der Defensive, nur Rügen und ein Teil des Festlandes konnten noch von ihnen gehalten werden. Stadtkommandant in Greifswald war seit Ende des Dreißigjährigen Krieges der schwedische General Burchard Müller von der Lühne, ein gebürtiger Deutscher aus dem Bistum Verden. Geboren 1604 als Sohn eines kaiserlichen Offiziers, stand er seit 1623 in schwedischen Diensten, hatte im schwedischen Heer am Dreißigjährigen Krieg teilgenommen, 1631 bei Breitenfeld und 1632 bei Lützen gefochten und sich vom Kürassier zum Generalleutnant und General der Kavallerie hochgedient. 1650 wurde er von der schwedischen Königin geadelt, woher der Namenszusatz „von der Lühne" rührte. Seit 1655, dem Beginn des schwedisch-polnischen Krieges, stand er wieder beim Heer. Müller von der Lühne war also ein kriegserfahrener, wenn auch nicht mehr in der Blüte seiner Jahre stehender Mann, der sein Handwerk beherrschte. Als der brandenburgische Kurfürst Mitte September 1659 mit seinem Heer, aus Mecklenburg kommend, gegen Schwedisch-Pommern heranrückte, versuchte Müller von der Lühne an der Grenze bei Tribsees aussichtslosen Widerstand zu leisten und zog sich im Anschluss mit seinen schwachen Truppen nach Greifswald zurück. Kurfürst Friedrich Wilhelm rückte mit seinen 18.000 Mann nach, ließ Stralsund – wohl gewarnt durch Wallensteins Misserfolg 1628 – links liegen und erschien am Mittag des 22. September 1659 vor den Toren Greifswalds. Burchard Müller von der Lühne traf umgehend die notwendigen Anstalten zur Verteidigung. Wie erwähnt, war die Stadt im Dreißigjährigen Krieg, vor allem in den Jahren 1630/31, durch die kaiserlichen Besatzungstruppen und im Anschluss durch die Schweden stark befestigt worden. Allerdings waren die Befestigungswerke jetzt, 1659, nur unzureichend mit Geschützen bestückt und die den Verteidigern zu Gebote stehenden Truppen zahlenmäßig so schwach, dass nicht einmal alle Außenwerke mit Mannschaften besetzt werden konnten. Noch am 22. September eröffnete der Kurfürst die Kampfhandlungen. Im Handstreich eroberten seine Truppen eine Mühle vor dem Fleischertor. Es gelang ihnen aber nicht, Vor- und Haupttor einzunehmen und in die Stadt einzudringen.

Am 23. September 1659 begannen die Beschießung der Stadt und der Sturm auf den Wall im Abschnitt zwischen dem Fleischer- und dem Vettentor. Inzwischen hatten Bürgermeister und Rat die Greifswalder Bürgerschaft zur Hilfe bei der Verteidigung aufgerufen. Dieses Verhalten unterschied sich grundsätzlich von der während der kaiserlichen Besetzung im Dreißigjährigen Krieg geübten Verfahrensweise. Die Ursache hierfür ist darin zu suchen, dass die Stadt, seitdem sie sich im schwedischen Machtbereich befand, mehrfach von Steuerzahlungen und Kriegslasten befreit worden war. Gegenüber der vorangegangenen kaiserlichen Herrschaft empfand man die schwedische Obrigkeit als vergleichsweise milde und gerecht oder doch zumindest als das kleinere Übel. Im Heer des brandenburgischen Kurfürsten standen aber auch kaiserliche Soldaten, und diese hatte man aus den Jahren 1627 bis 1631 in schlechtester Erinnerung. Immerhin etwa 450 wehrfähige Bürger stellten sich der Aufforderung des Rates, was angesichts der Tatsache, dass sich die damals kaum 3.000 Köpfe zählende Greifswalder Bevölkerung von den Folgen des Dreißigjährigen Krieges noch immer nicht erholt hatte, durchaus Beachtung verdient. Der größte Teil von ihnen bezog Posten auf dem Hauptwall oder an anderen wichtigen Punkten in der Stadt, während die schwedischen Soldaten die Bastionen und Außenwerke besetzten. Am Abend des 23. September gelang es den Brandenburgern, mit Booten den äußeren Graben zu überwinden und ein Ravelin,

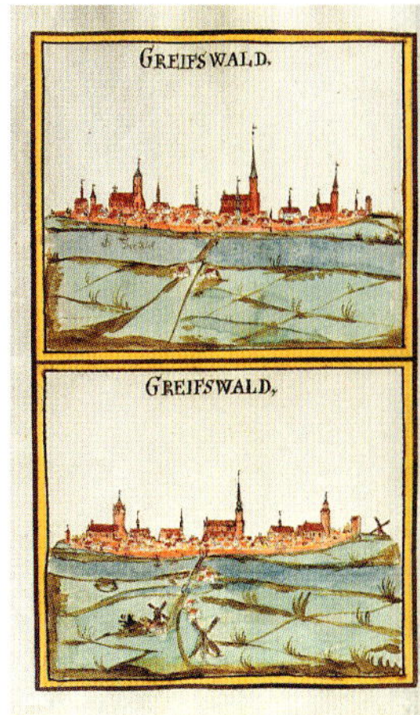

44 | Ansicht Greifswalds von Norden, vor 1650 (oben) und nach 1652

Während der 1660er Jahre entspannen sich bis in die Mitte der 70er Jahre gepflogene Verhandlungen zwischen dem schwedischen König, dem Kriegskollegium und dem Generalgouverneur Schwedisch-Pommerns, Wrangel, über den hinsichtlich des pommerschen Festungswesens künftig einzuschlagenden Kurs. Während man in Stockholm offenbar wegen der hohen Unterhaltungskosten dazu tendierte, sich auf zwei bis drei pommersche „Prinzipalfestungen" zu beschränken und eine Reihe fester Plätze – unter diesen auch Greifswald – zu schleifen oder aufzugeben, hielt Wrangel, ebenso wie der 1668 zum Vizegouverneur ernannte Mardefelt, zur Verteidigung Pommerns die Beibehaltung einer möglichst großen Zahl an Festungen und Schanzen für erforderlich. Eine grundsätzliche Entscheidung hierüber wurde indessen vor Ausbruch des schwedisch-brandenburgischen Krieges (1674–1679) nicht herbeigeführt. Im Verlaufe dieses Krieges, keine zwei Jahrzehnte nach der Belagerung von 1659, sollte die Stärke der Greifswalder Wehranlagen neuerlich geprüft werden. Wieder war es der brandenburgische Kurfürst Friedrich Wilhelm, der sich mit Schweden im Krieg befand und Greifswald durch seine Truppen berennen ließ.

Nach seinem Sieg über die in die Mark Brandenburg eingefallenen schwedischen Truppen bei Fehrbellin im Juni 1675 war es dem von See her durch die niederländische Flotte unterstützten Kurfürsten gelungen, die schwedischen Stellungen in Norddeutschland nahezu völlig aufzureiben. Vergeblich versuchte der schwedische Oberbefehlshaber in Pommern, Feldmarschall Otto Wilhelm von Königsmarck (1639–1688; nach dem Friedensschluss, 1680–1687, Generalgouverneur), die wenigen den Schweden verbliebenen Orte mit Hilfe von Fortifikationsoffzieren verstärken zu lassen. Im Juli 1677 kapitulierte Stettin, im Oktober 1678 folgte Stralsund. Kurz darauf, Ende Oktober, erschienen die brandenburgischen Truppen vor den Toren Greifswalds, dem einzigen Platz, der sich noch in schwedischen Händen befand. Da die Übergabeverhandlungen zu keiner Einigung führten, befahl der Große Kurfürst, wie er seit jener Zeit genannt wurde, umgehend den Beginn der Belagerungsarbeiten. Er selbst bezog Quartier in Wrangelsburg, während die brandenburgischen Truppen ihr Feldlager in der Nähe des Klosters Eldena sowie nördlich der Stadt Greifswald, beim Dorf Neuenkirchen, aufschlugen. Am 3. November war der Bau der Batteriestellungen vollendet, tags darauf begann die Beschießung der Stadt. Das heftige brandenburgische Bombardement wurde von den Kanonen auf den Wällen, freilich kaum wirksam, erwidert. Die Belagerer führten ihren Angriff v.a. gegen die Halbbastion am Mühlentor und die südöstliche Front, und obgleich er die Stadt nicht unvorbereitet traf, war deren Fall nur eine Frage der Zeit, zumal Hoffnung auf Entsatz nicht bestand. Die Beschießung durch die erheblich verbesserte brandenburgische Artillerie vom 4. bis 6. November 1678 richtete in der Stadt und an der Stadtbefestigung wesentlich größeren Schaden an als jene von 1659. Nicht weniger als 144 Häuser und 14 Scheunen wurden in Mitleidenschaft gezogen, etwa 30 davon völlig zerstört. Zwischen Vangenturm und „Rundem Turm", ebenso hinter dem Universitätshauptgebäude, waren Teile der Stadtmauer eingeschossen und umgestürzt. Ungleich größere Schäden waren allerdings in der Stadt selbst und an mehreren öffentlichen Gebäuden, u.a. der Stadtschule sowie der Marien- und der Jacobikirche, zu beklagen. Auf einen verlustreichen Sturm wollten es die Belagerer nicht ankommen lassen. Sie vertrauten der Wirksamkeit der Beschießung, die vor allem Brandwirkung war, und zwangen so den schwedischen Kommandanten, Oberst Vieting, am 7. November 1678 zur Kapitulation, die der

Kurfürst am Folgetag in seinem Hauptquartier in Wrangelsburg genehmigte. Die viel zu schwache Besatzung, sicher auch durch den Fall Stralsunds im Oktober 1678 demoralisiert und zudem schlecht ausgerüstet, hatte diesmal ohne die Hilfe der Bürger die Stadt nicht halten können. Rat und Universität drangen im Gegensatz zu 1659 auf die Übergabe. Oberst Vieting und die schwedischen Truppen erhielten freien Abzug. Zwei Tage nach der Kapitulation und einen Tag nach der Besetzung der Stadt durch die brandenburgischen Truppen zog Kurfürst Friedrich Wilhelm am 9. November 1678 mit seinem Gefolge in Greifswald ein, wo er sich am 10. November persönlich im Rathaus huldigen ließ.

Nach der Einnahme Greifswalds befand sich ganz Schwedisch-Pommern in der Hand des Großen Kurfürsten Friedrich Wilhelm. Infolge der Bestimmungen des Friedens von Saint-Germain-en-Laye vom 29. Juni 1679 musste er seine Eroberungen aber wieder an Schweden zurückgeben. Die Besetzung Greifswalds durch brandenburgisches Militär dauerte bis zum 10. November 1679, insgesamt also ein Jahr. Als Festung hatte sich die Stadt bei der zweiten Belagerung ungeachtet der im Laufe des 17. Jahrhunderts vorgenommenen erheblichen Verstärkung und Modernisierung der Defensionswerke nicht in der erhofften Weise bewährt, was im Übrigen auch für die strategisch weitaus günstiger gelegene und stärker befestigte Nachbarstadt Stralsund zutraf. Gegen die weiter verbesserte Artillerie waren die teilweise noch aus dem Mittelalter stammenden Befestigungsanlagen – Mauern, Tore und Türme – nahezu nutzlos geworden. Trotzdem wurden die Schäden an ihnen noch einmal ausgebessert. Dazu dienten auch wieder Steine aus dem Teilabbruch des Klosters Eldena, welches mehr und mehr zur Ruine verkam.

In Greifswald erinnern an die Beschießung von 1678 noch die in das Mauerwerk der Marienkirche – im Innern, am Ostgiebel und an der Südwand – eingemauerten Kanonenkugeln. Sie haben diesem mächtigen mittelalterlichen Bauwerk insgesamt nicht viel anhaben können. Wesentlich größer waren die Verluste an Menschen und die wirtschaftlichen Schäden, die Greifswald durch die Kriege des 17. Jahrhunderts erlitten hatte. 1680 zählte die Stadt etwa 3.300 Einwohner, nur gut die Hälfte des Standes zu Beginn des Jahrhunderts. Noch immer waren ein gutes Drittel der Häuser und Buden „wüst", unbewohnt oder unbewohnbar bzw., wie es in den Quellen heißt, „wüst und ganz erdengleich". Besonders der älteste Stadtteil um die Marienkirche herum hatte stark gelitten. Der Handel, einst die wichtigste Einnahmequelle der wohlhabenden Schichten der Bevölkerung, vor allem der Seehandel, lag fast völlig danieder. Nur zaghaft begann sich die Wirtschaft in der durch Belagerungen und Besetzungen schwer geprüften Stadt wieder zu beleben.

49 | Belagerung und Beschießung der Stadt Greifswald durch brandenburgische Truppen, Oktober/November 1678, Kupferstich, 1679. – Blick von Norden. Eine möglichst hohe Authentizität dürfte kaum das vordringliche Anliegen des – ganz offensichtlich durch Meriansche Stiche inspirierten – unbekannten Künstlers gewesen sein.

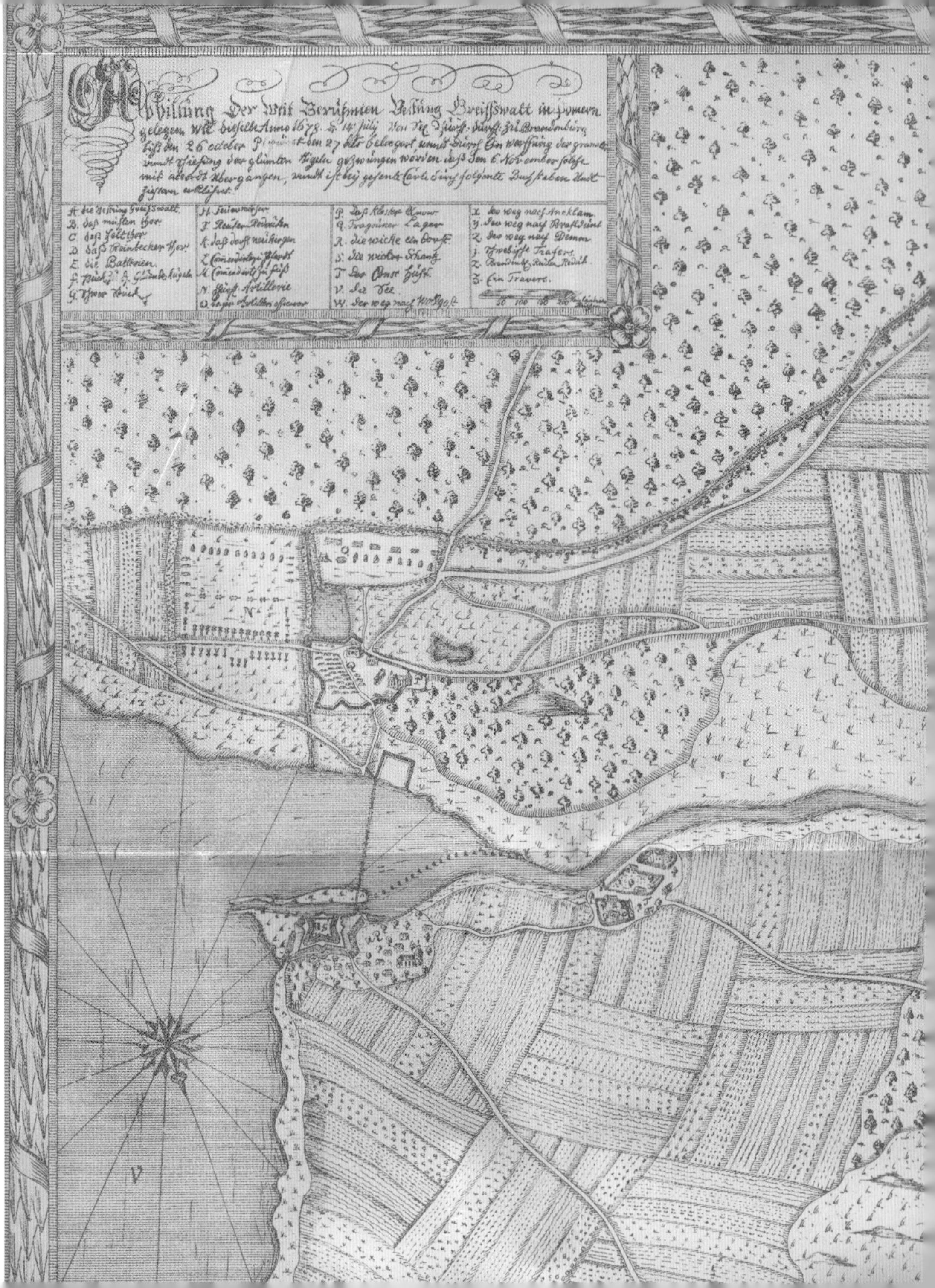

50 | „Abbiltung der weit Berühmten Vestung Greiffswalt in Pomern gelegen, wie dieselbe Anno 1678 […] von Seiner Churfürstlichen Durchlaucht zu Brandenburg […] belagert, unndt […] gezwungen worden, dass den 6. November solche mit accordt ubergangen […].“ – Die brandenburgische Artillerie stand östlich der Stadt, zwischen dem Ryck und der Straße nach Wolgast, sowie im Südosten beiderseits der nach Anklam führenden Straße. Außer den üblichen, aus schweren Geschützen verschossenen gusseisernen Vollkugeln kamen glühende Kugeln und Explosivgeschosse (Granaten) zum Einsatz. An der Ryckmündung ist die Wiecker Schanze zu erkennen (zwei Ausschnitte aus einer zeitgenössischen Karte).

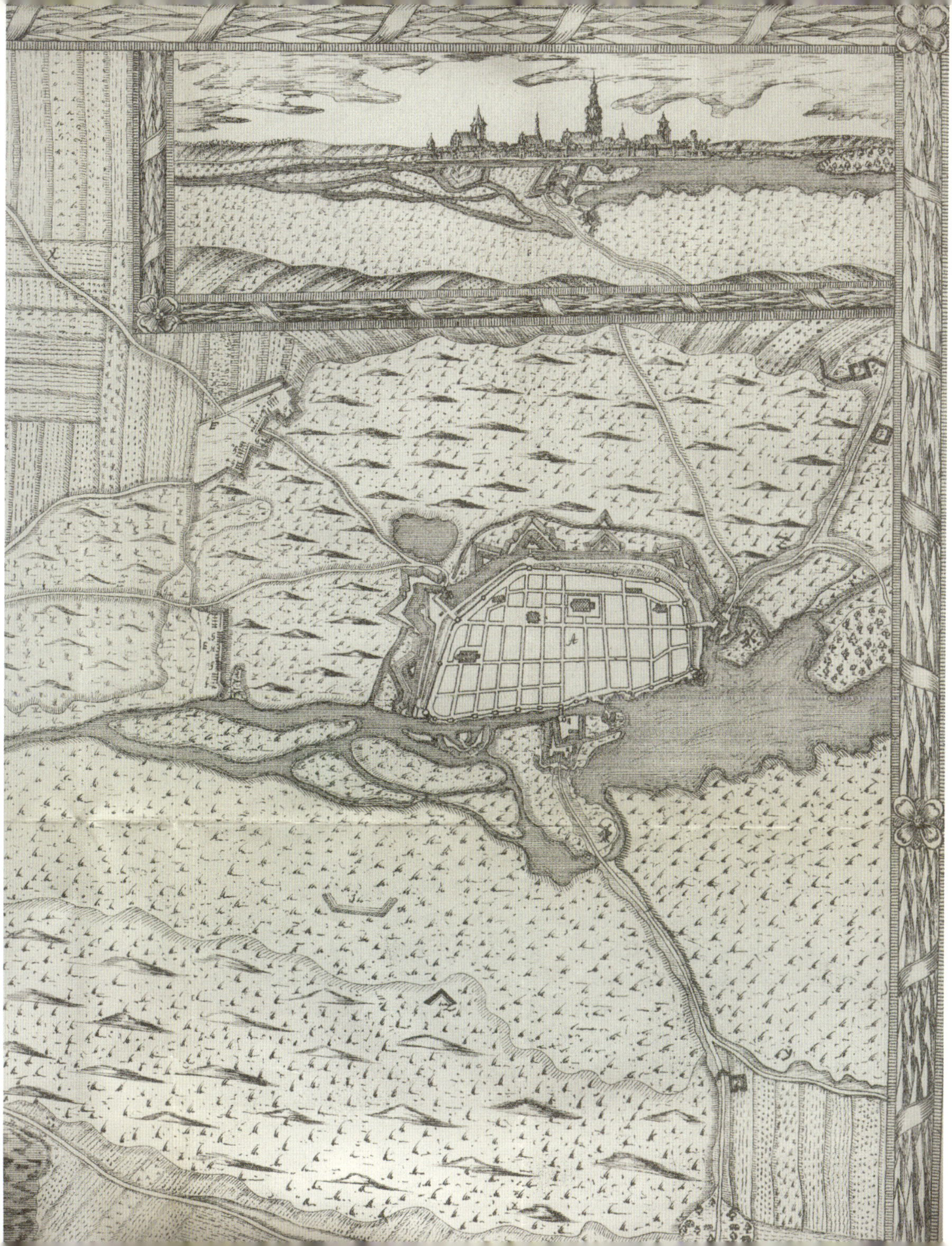

Das Ende der Festung Greifswald

Nach den Erfahrungen des brandenburgischen Krieges trat seit den 1680er Jahren allmählich ein Wandel in der Haltung der schwedischen militärischen Führung in Bezug auf die in Pommern zu verfolgende Militärpolitik ein. Die bisherige, vor allem durch den Generalgouverneur Carl Gustav Wrangel verfochtene Strategie, welche gleichsam die „Vermauerung" der Provinz mit einer großen Anzahl Festungen vorsah, wich dem Konzept eines flexibleren und billigeren Defensionssystems, das sich auf wenige starke Schlüsselstellungen konzentrierte. Bereits vor dem Krieg, in den 1660/70er Jahren am königlichen Hof in Stockholm sowie im Kriegskollegium angestellte Überlegungen begannen sich somit – im Zuge eines längerwährenden und durchaus nicht geradlinig verlaufenden Prozesses – Geltung zu verschaffen. Die Tage der Festung Greifswald waren jedenfalls, so schien es, gezählt.

1680, nachdem Schweden seine deutschen Besitzungen zurückerhalten hatte, wurde eine königliche Kommission entsandt, um die Verhältnisse an den verschiedenen Plätzen Norddeutschlands zu ordnen. Gleichzeitig untersuchten höhere Offiziere das pommersche Festungswesen. Die in dieser Beziehung künftig zu verfolgende Linie wurde – nach vorangegangener kontroverser Diskussion – im März 1681 vor dem schwedischen König erörtert mit dem Ergebnis, einige Schanzen und Festungen schleifen oder aufgeben, andere Plätze, darunter Stralsund und Greifswald, aber verstärken zu wollen. Die – keineswegs einhellig getroffene – Entscheidung für die Beibehaltung der Festung Greifswald entsprach sehr wohl den Vorstellungen des Rates der Stadt, der diesen Wunsch in einem an die schwedische Herrschaft adressierten Memorial deutlich artikuliert hatte.

Die folgenden Jahre waren, was den Festungsstatus Greifswalds und anderer pommerscher Städte anging, durch eine gewisse Ambivalenz geprägt: Einerseits erkannte man in Stockholm durchaus den Nutzen, den selbst kleinere befestigte Plätze für die Verteidigung Pommerns haben könnten. Andererseits befanden sich aber viele Festungen und Schanzen – und zwar nicht ausschließlich in Pommern – in einem desolaten Zustand. Die notwendigen Reparaturen konnten nicht überall zugleich vorgenommen werden. Hinsichtlich Anlage und Unterhaltung erforderten die Festungen einen riesigen finanziellen, materiellen und personellen Aufwand. Auch die Ausgaben für die Unterhaltung der pommerschen Garnisonen, die Truppenversorgung, das Proviant- und Nachschubwesen verschlangen immense Summen. Diese Sachlage zwang dazu, die begrenzten Ressourcen auf einige feste, in Verteidigungsbereitschaft zu haltende Plätze zu konzentrieren, wobei naturgemäß die in den schwedischen Kernlanden gelegenen Festungen Vorrang vor den transbaltischen genossen.

In jene Jahre einer merkwürdig unentschieden wirkenden und letztlich, jedenfalls hinsichtlich der Situation in Pommern, kaum stringenten schwedischen Festungspolitik fiel eine militärgeschichtlich interessante Episode, nämlich die Aufstellung einer ersten eigenständigen Pionier- bzw. Ingenieurtruppe in schwedischen Diensten für die in Pommern auszuführenden Fortifikationsarbeiten. Bei diesen *Mineuren* oder *Sappeuren*, wie sie auch bezeichnet wurden, handelte es sich um nur leichtbewaffnete, dafür aber mit diversem Werk- und Schanzzeug versehene Spezialhandwerker und Schanzarbeiter. Die in den 1680er Jahren u.a. in Stralsund und in Greifswald garnisonierte Kompanie bestand aus knapp 200 angeworbenen „Pioneurs, Mineurs und allerhand im felde nützlichen leuten". Diese Einheit dürfte unter ihrem Befehlshaber, Major Thomas Roger, einen entsprechenden – konkret freilich schwer fassbaren – Anteil an den Befestigungsarbeiten in Pommern geleistet haben, ohne darüber hinaus besonders in Erscheinung getreten zu sein. 1688, nach rund sechs Jahren ihrer Existenz, wurde die Pioniertruppe in eine Kompanie „zu fuss", d.h. eine gewöhnliche Infanterieformation, umgewandelt und einem Garnisonsregiment eingegliedert.

Die bezüglich der pommerschen Festungsfrage hier bereits als widersprüchlich und der notwendigen Konsequenz entbehrend charakterisierte Haltung am Stockholmer Hof fand nach dem brandenburgischen Krieg ihre Entsprechung auf lokaler Ebene, in Greifswald. Einerseits wurde an der Wiederinstandsetzung der durch die brandenburgische Beschießung vom November 1678 entstandenen Schäden gearbeitet. Andererseits musste konstatiert werden, dass die „feste Stadt" Greifswald als solche – ohne eine weitere Verstärkung der Verteidigungswerke – ihre Bedeutung verloren hatte. Ausdruck dieser Erkenntnis war u.a. die Tatsache, dass bereits seit 1679 das vorherige Verbot, Gebäude aus Stein außerhalb des Mauerringes zu errichten, aufgehoben war. Von diesem neuen Recht wurde allerdings offenbar kaum Gebrauch gemacht, weil aufgrund der geringen Bevölkerungszahl kein Bedarf für eine Ausdehnung der Stadt bestand. Dies galt auch noch für das beginnende 18. Jahrhundert Lediglich einige Mühlengehöfte wurden wieder aufgebaut oder entstanden neu.

Über den Zustand der Greifswalder Befestigungsanlagen um 1710 sind wir durch einen Bericht des Stabsleutnants Gustavus Johann Lehmann an den Generalgouverneur Jürgen Graf von Mellin (1633–1713, Generalgouverneur 1698–1711) und die Provinzialregierung in Stettin vom 12. Juli des genannten Jahres unterrichtet. Demnach hatte Lehmann dem Generalgouverneur und der Regierung schon vor einiger Zeit „hinterbracht, dass die Stadt-Mauer alhie am Wasser einer Ausbesserung höchstens bedürfftig" sei. Ferner sei das „Rondel" (Wiekhaus) zwischen dem Mühlentor und der (1789/90 abgerissenen) Kirche des Franziskanerklosters „unten sehr ausgebrochen", auch befinde sich der Mauerabschnitt zwischen diesem Rondell und der Klosterkirche „im gar schlechten Stande". Der Rat hatte die Schäden bereits vor einem Jahr durch den Bauschreiber besichtigen lassen und eine Reparatur versprochen. Geschehen war allerdings nichts, genau wie im Falle des Kuh- und des Fischstraßentores, die in einem „solchen miserablen stande" seien, dass der Stabsleutnant morgens und abends „mit Lebens Gefahr dieselben auf- und zuschließen" müsse. Dies waren jedoch nicht die einzigen Missstände, über die Leutnant Lehmann, seiner Pflicht gehorchend, berichtete. Wiederholt hatte der Kommandant, Graf Oxenstierna, der Mahnungen Lehmanns ungeachtet, alle seine Pferde auf dem Wall laufen bzw. weiden lassen. Bei den Garnisonsoffizieren und der städtischen Obrigkeit erfuhr Lehmann in seiner Sorge um die Befestigungsanlagen kaum Unterstützung. Zwar hatte der neue Kommandant, Capitain Zoige, dem Leutnant versichert, „daß überall kein Viehe auf dem Wall sollte gelitten werden". Dies hinderte Zoige jedoch nicht daran, dem „Rats-Verwandten" Nürenberg zu gestatten, seine vier Kühe auf dem Wall laufen zu lassen. Die Wache hatte Order, „dieses Rind-Vieh gehen zulaßen" – dies immerhin im Unterschied zu den (quasi illegal auf dem Wall laufenden) Kühen, Pferden oder Schweinen anderer Bürger. Bitter beklagte sich Lehmann über

51 | Pionier, Schwedisch-Pommern, 1682

das erwähnte Ratsmitglied Nürenberg, der doch eigentlich zum Wohle der Stadt wirken und nicht deren Ruin herbeiführen sollte, und dessen vier Kühe also „tag und Nacht nicht nur auf dem Wall, sondern oben auf der Brust-Wehr" liefen, wodurch „der Wall dergestalt zugerichtet" wurde, dass es unverantwortlich sei. Damit nicht genug, schickten die Offiziere unter ausdrücklicher Berufung auf das Beispiel Nürenbergs nun gleichfalls ihre Pferde zum Weiden auf die Wälle. Schließlich hatte, um das Maß vollzumachen, noch zu Zeiten – wenn auch ohne Erlaubnis – des Kommandanten Oxenstierna der Kaufmann Nehring einen Platz zwischen Kontereskarpe und Stadtgraben pflügen und mit Hafer und Flachs besäen lassen sowie eine Brücke über den Graben und einen Torweg angelegt, welche letztere er freilich auf Geheiß des Kommandanten wieder abbrechen musste.

In dem solcherart beschriebenen Zustand befanden sich also die Greifswalder Befestigungsanlagen, als kurz darauf erneut das Gespenst des Krieges drohend am Horizont erschien. Der Nordische Krieg (1700 bis 1720/21) brachte für Greifswald in den Jahren 1711 bis 1713 wiederum schwere Belastungen durch Besatzung, Einquartierung und Kontributionen, wenn auch keine Belagerungen und Beschießungen mehr. 1711 rückten die gegen Schweden verbündeten sächsisch-polnischen, russischen und dänischen Truppen in Vorpommern ein und erschienen am 31. August vor den Toren Greifswalds. Die im Lande stehenden schwedischen Truppen hatten sich auf Stralsund und Stettin zurückgezogen. Auch die Greifswalder Garnison hatte die Stadt verlassen und dabei die Geschütze zum Teil mitgenommen, zu einem anderen Teil, um sie dem Feind nicht in die Hände fallen zu lassen, unbrauchbar gemacht oder in die Festungsgräben gestürzt. Angesichts dieser Situation sah sich der Greifswalder Rat außerstande, dem Befehl der schwedischen Provinzialregierung in Stettin, den Feind mit allen Mitteln daran zu hindern, sich in den Besitz der Stadt zu setzen, Folge zu leisten. Die Schrecken der brandenburgischen Beschießung von 1678 waren in der Erinnerung noch allzu präsent. Ohne vorherige Gegenwehr übergab man die Stadtschlüssel an die gegnerischen Befehlshaber, die nach diesem symbolischen Akt mit ihren Truppenkontingenten unter Führung Augusts II. (des *„Starken"*), des Königs von Polen und sächsischen Kurfürsten, in die Stadt einrückten, während dänische Schiffe vor Wieck auf Reede vor Anker gingen. Das überaus harte Regiment des sächsischen Kriegskommissars Matzdorf, die Last der Einquartierungen, Kontributionen und, nochmals, Schanzarbeiten, bedrückten die Stadt und ihre Bürger erneut schwer. Die feindliche Besetzung währte bis Ende 1713. Ein Festungsplan der Stadt Greifswald von 1712 – in jenem Jahr weilte der russische Zar Peter der Große kurzzeitig in der Stadt – zeigt neben den offenbar leidlich wieder hergestellten Befestigungswerken die Alarmplätze der russischen Regimenter. Auch die Schanze in Wieck wurde damals noch einmal repariert.

Mit der Kapitulation Stralsunds gegenüber den verbündeten preußischen, dänischen und sächsischen Truppen war Ende 1715 der letzte schwedische Stützpunkt in Vorpommern gefallen. Dänemark, unter dessen Verwaltung der nordwestliche Teil Vorpommerns mit Greifswald infolge des Kriegsverlaufs zwischen 1715 und 1720/21 stand, scheint den Greifswalder Befestigungsanlagen keine große Aufmerksamkeit entgegengebracht zu haben. Im Ergebnis des Nordischen Krieges fiel 1720 der nördlich der Peene liegende Landesteil, das spätere „Neuvorpommern" mit Stralsund und Greifswald,

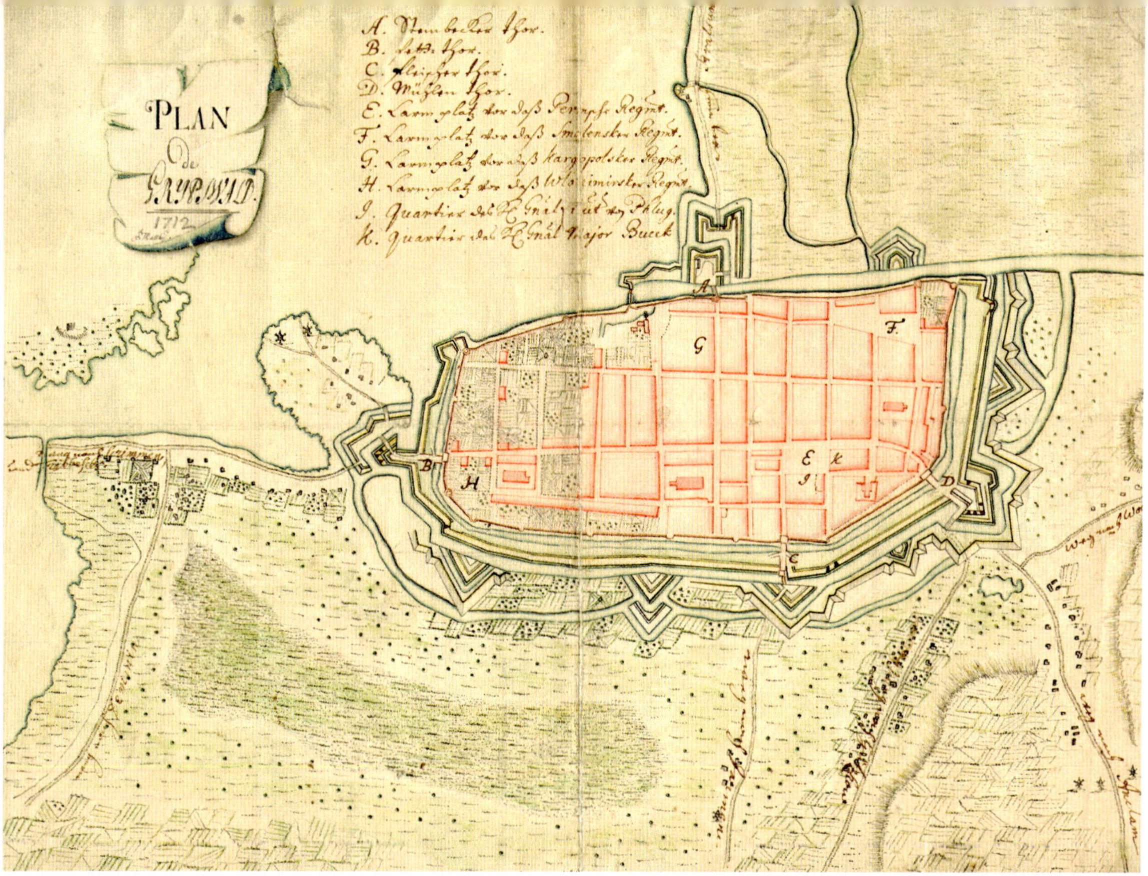

52 | Plan de Grypswald, 1712, mit den „Larmplätzen“ (Alarm-, d.h. Sammelplätzen) der russischen Regimenter

an Schweden zurück, während der südöstliche Teil Vorpommerns an Preußen überging. Schweden hatte damit seine Vormachtstellung im Ostseeraum verloren und schied faktisch aus dem Kreis der europäischen Großmächte aus.

Da die Unterhaltung aller in dem verbliebenen Territorium bestehenden Festungen zu kostspielig und eine Konzentration der Kräfte erforderlich war, hob Schweden einige feste Plätze, darunter Greifswald, auf. Andere pommersche Festungen, Damm, Demmin und Stettin, befanden sich in dem 1720 an Preußen abgetretenen Gebiet. Einzig Stralsund behielt in dem – bis 1815 – bei Schweden verbliebenen Teil Vorpommerns den Status einer Festung. Erst 1873, im Bismarckreich, wurde die Stadt am Strelasund (wie übrigens auch Stettin) durch ein Reichsgesetz zur „eingehenden Festung“ erklärt.

Nach dem Verlust des Festungscharakters spielte die Stadt am Ryck als Objekt der Kriegführung keine Rolle mehr. Greifswald behielt jedoch den Status einer (freilich eher schwach besetzten) Garnisonsstadt bzw. eines Truppenstandorts – dies mit Unterbrechungen auch nach dem Übergang der restlichen, 1720 noch unter schwedischer Herrschaft verbliebenen Teile Vorpommerns an Preußen im Jahre 1815 und bis zum Ende des Zweiten Weltkriegs. Allerdings blieb Greifswald seither von Kämpfen (wenn auch nicht von militärischer Besetzung und anderen Kriegslasten) verschont.

53 | Im Siebenjährigen Krieg lagen, je nach Verlauf der Kampfhandlungen, abwechselnd schwedische und preußische Truppen in Greifswald. Der 1760 von dem in schwedischen Diensten stehenden Samuel C. Kempfe gezeichnete Plan zeigt die Stadt Greifswald und ihre alten Befestigungsanlagen. Auf der Karte werden die in militärischer Hinsicht relevanten Faktoren detailliert beschrieben, so der Zustand der Ringmauer, die Anordnung der Tore und sonstiger Pforten und Mauerdurchlässe, die Lage weiterer, teilweise bereits verfallener Fortifikationswerke und der Wälle, Dämme, Brücken und Gräben sowie der Verlauf des Fahrwassers auf dem Ryck. Ausführlich wird die Beschaffenheit des – jahreszeitlich bedingt – teilweise unpassierbaren Vorgeländes (Wiesen, Weiden, Morast) charakterisiert. Bei der Abbildung handelt es sich um eine von Friedrich G. Kempfe angefertigte Kopie, die sich heute, ebenso wie deren Vorlage, im Kriegsarchiv Stockholm befindet.

Verfall und Abbruch der Fortifikationsanlagen im 18. und 19. Jahrhundert

Nach 1720 erlebte der noch in schwedischem Besitz befindliche Teil Vorpommerns zwischen Peene, Trebel und Recknitz einschließlich der Insel Rügen längere Friedenszeiten, die nur durch den Siebenjährigen Krieg (1756–1763) unterbrochen wurden. Die relativ friedlichen Zeiten führten auch in Greifswald zu einem wirtschaftlichen Aufschwung, der wiederum ein Anwachsen der Stadtbevölkerung bewirkte, welche um 1800 endlich wieder etwa den Stand von vor 200 Jahren erreicht hatte. Nach der Aufhebung der Festung und dem damit verbundenen sukzessiven Verlust ihrer militärischen Aufgaben markierte die Stadtmauer weiterhin die – mit der Zeit und der allmählichen Expansion der Stadt freilich immer durchlässiger werdende – Stadtgrenze. Die Stadttore, die nachts nach wie vor verschlossen wurden, dienten der Kontrolle des Personen- und Güterverkehrs, also im weitesten Sinne polizeilichen Zwecken.

Auf Stadtplänen des 18. Jahrhunderts erkennen wir Gärten und Ackerflächen zwischen den Außen- und Vorwerken im Süden und Südwesten der Stadt. Bereits in den 1720er und 1730er Jahren verpachtete der Rat einen Teil des nördlich der Stadt gelegenen Geländes unter Einschluss der Wälle und Gräben beim Steinbeckertor als Weideland, während Fischer das nördlich des Rycks, gegenüber dem Brüggstraßentor, gelegene Ravelin zum Trocknen ihrer Netze nutzten. Auch die Wiecker Schanze war ihrer militärischen Funktion enthoben. Einer Meldung vom Juli 1743 zufolge wohnte ein Matrose namens Ohle „in der aldten Schantz", in welcher er sich eine „Wohnung" eingerichtet und einen Garten angelegt hatte, in dem er „weißen Kohl und andere Früchte" anbaute.

In der Stadt Greifswald selbst mussten „wüste" Wohnstätten repariert oder neue erbaut werden. Da vom Wohlstand der Bürger aber insgesamt keine Rede sein konnte, entstanden vor allem kleine Häuser. Bei den Arbeiten an den Wohnbauten bezog man nunmehr auch die Fortifikationsanlagen ein, was in früheren Zeiten, ebenso wie das Anlegen von Gärten zwischen den Außenwerken und innerhalb des Wall-Graben-Systems, streng verboten war. Bereits nach 1680 hatten ärmere Bürger an einigen Abschnitten der Stadtmauer zu bauen begonnen, was ohne obrigkeitliche Genehmigung oder zumindest Duldung nicht denkbar gewesen wäre. So verkaufte der Rat 1685 an den Stadtmaurer Jürgen Cruse ein „gegen die Stadtmauer belegenes kleines Stadthaus" an der Wallstraße/Ecke Baderstraße. Es entstanden ausschließlich kleine einstöckige Häuschen, deren Rückwand die Stadtmauer bildete. Besonders rege war die Bautätigkeit an der nördlichen Stadtmauer an der Hafenstraße. Auch hier wurde die Mauer in den Hausbau einbezogen. Die Giebel der Eckhäuser an den Stichstraßen zum Hafen lehnten sich zudem an die dort zumindest in den Untergeschossen noch vorhandenen „Wassertore". 1707 war die Häuserzeile von der Steinbecker- bis zur Kuhstraße schon weitgehend geschlossen. Der Abschnitt von der Kuhstraße bis zum Vangenturm blieb unbebaut, später befanden sich hier Lagerplätze Greifswalder Kaufleute. Beim Bau der Häuser verschwanden Mauerkrone und Wehrgang, die Mauer wurde bis auf die Geschosshöhe der Häuser abgetragen und das so gewonnene Baumaterial gleich weiterverwendet.
Mehrere Eintragungen in den städtischen Akten und Protokoll-

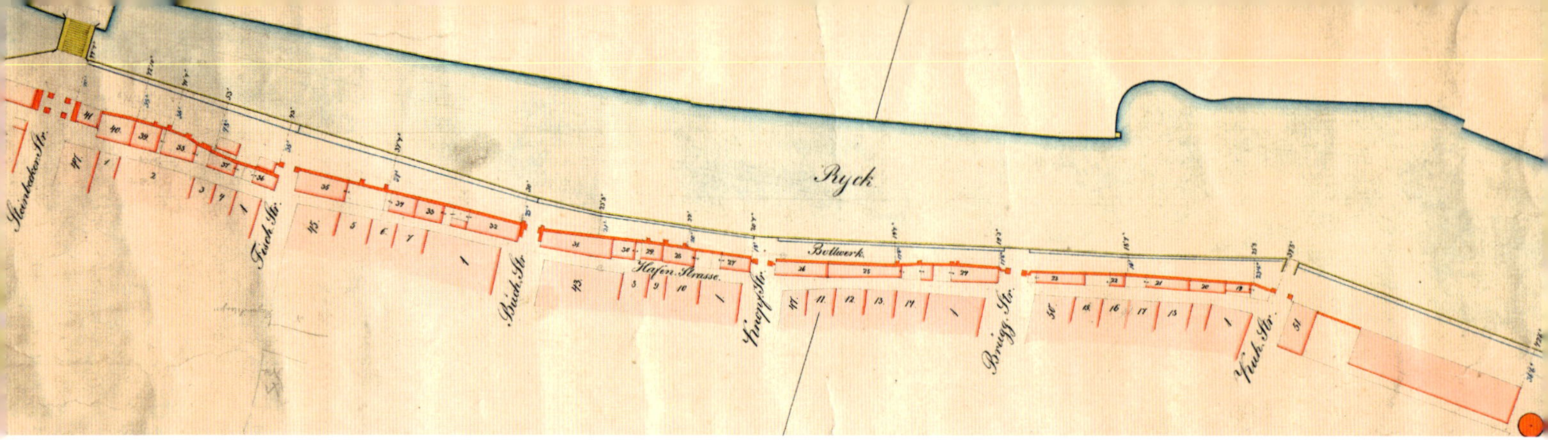

54 | Karte der Hafenstraße zwischen Steinbecker- und Kuhstraße, Nordseite mit Stadtmauer (rechts der Vangenturm), gezeichnet von dem königlichen Feldmesser Gustav Berlin, 1855. Im Jahr darauf begann der Abbruch dieser Mauerpartie.

büchern dokumentieren sowohl die Verfahrensweise – die Bauerlaubnis erteilte der Rat – als auch die mindere Qualität dieser Neubauten. Zwei Beispiele seien hier angeführt: 1727 erhielt der Steuermann Christian Gulbrandt die Erlaubnis, ein Haus „auf der Mauer beim Fischstraßen-Tor" zu bauen. Dieses Haus war schon zweistöckig, das Obergeschoss wurde direkt auf die bis in diese Höhe abgetragene Stadtmauer gesetzt, welche die Rückwand des Erdgeschosses bildete. Anzahl und Größe der Fenster zum Hafen waren begrenzt, auch mussten diese mit einem „echt eisernen Gitter" versehen werden, damit niemand auf diesem Weg unbefugt in die Stadt gelangen konnte. Unterm 3. September desselben Jahres findet sich der Eintrag, dass der Schiffer Sören Petersen sein baufälliges Haus reparieren wollte. Es lehnte mit dem Giebel an der östlichen Seitenmauer des Büchstraßentores (in der heutigen Johann-Sebastian-Bach-Straße), und der Rat trug Bedenken, dass der Giebel auf Dauer keinen genügenden Verband damit habe.

Alle diese Häuser an der nördlichen Seite der Hafenstraße zwischen Steinbecker- und Fischstraße sowie zwischen Büch- und Kuhstraße wurden von 1856 bis 1858/59 durch die Stadt – nach vorangegangenem Ankauf zu diesem Zweck – auf Abbruch verkauft und mitsamt der Mauer abgerissen, um Platz für die notwendige Verbreiterung des Hafenbollwerks zu gewinnen. Schließlich wurde 1864 als letzter Abschnitt jener zwischen Fisch- und Büchstraße von der Stadt auf Abbruch verkauft, er musste dem Bau der Hafenbahn weichen. Die nördliche Altstadtgrenze, die seit etwa 1300 durch die Stadtmauer festgelegt war, verschob sich dadurch um zehn bis zwanzig Meter nach Süden.

Erst nach 1700 begann der Anbau kleiner Häuser an die Mauer im Bereich der heutigen Hirtenstraße, die zuvor nur an ihrer Ostseite bebaut war und noch keinen Namen trug, sondern einfach als „Gang" oder „äußerer Gang" bezeichnet worden

55 | Hirtenstraße 7, um 1930, deutlich erkennbar an der Stadtmauer lehnend. Wie die Nachbarhäuser (diese teilweise mit ausgebautem Dachgeschoss) eingeschossig, zur Stadtseite traufenständig und mit einem steilen Pultdach versehen, wobei die Firsthöhe sich am Verlauf der Stadtmauer orientierte.

56 | *Abbruch der Häuser samt Stadtmauer an der Hirtenstraße*

57 | *Kaiserin-Auguste-Victoria-Schule am Wall, Foto vor 1900 (zu S. 52)*

war. 1707 standen am heutigen Ausgang der Domstraße zum Wall erst zwei Häuser. Um die Stadtmauer direkt als Rückwand in den Bau der einstöckigen Häuser einbeziehen zu können, musste der innere Wall abgegraben werden. Diese Verfahrensweise war der Standfestigkeit der Mauer sehr abträglich, gründete letztere sich doch lediglich auf ein in den Wall eingelassenes Feldsteinfundament. Häuser und Mauer stützten sich nun gegenseitig. Das führte dazu, dass 1974–1977 beim notwendig gewordenen Abbruch dieser durch unzumutbare Wohnverhältnisse charakterisierten Häuser auch der betreffende Abschnitt der Stadtmauer abgerissen wurde – vor dem Hintergrund des zeitgleich, 1975, erlassenen Denkmalpflegegesetzes, welches Anzeichen wachsender Rückbesinnung auf das historische Erbe erkennen ließ, fürwahr eine rigorose und leider irreversible Entscheidung.

Teilabbrüche der Mauer wurden bereits im 18. Jahrhundert bewilligt. In der Wallstraße/Ecke Rakowerstraße erhielt Brunnenmeister Junckel 1732 die Erlaubnis zur Bebauung einer wüsten Stelle, wobei er die Stadtmauer in einer Länge von 9 Ellen (5,35 Meter) abbrechen durfte. Zwei weitere Beispiele dafür, wie schadhaft und wenig standfest die Mauer mittlerweile geworden war, seien hier angeführt: 1724 wurde sie in einer Länge von 40 Ellen (23,75 Meter) durch „Sturm-Winde" umgestürzt. Dies geschah „hinter dem Garten des Stadt-Kasten-Schreibers Jochim Lüder", gelegen etwa gegenüber der späteren „Giftbude" (siehe S. 77, zu DDR-Zeiten Kindergarten), die sich in den „Anlagen" neben dem heutigen Gerichtsgebäude (Amtsgericht Greifswald und Finanzgericht Mecklenburg-Vorpommern, früher Kulturhaus der Eisenbahner) befand. In jenem Mauerabschnitt existierte übrigens eines der beiden oben (S. 18) erwähnten Wiekhäuser zwischen Ravensturm und Vettentor. Das zweite gegenüber dem heutigen Gerichtsgebäude ist im unteren Teil erhalten geblieben. Und als Leineweber Kehn in der Rakowerstraße im selben Jahr eine Baustelle beantragte, wurde beschrieben, dass hier ein Stück Stadtmauer „zum Fall" stehe. Nicht unerwähnt darf in diesem Zusammenhang bleiben, dass, obschon die Zeichen im 18. Jahrhundert grundsätzlich auf Verfall und Abbruch standen, zur selben Zeit einzelne schadhafte Abschnitte der Stadtmauer, die u.a. als Zoll- und Grundstücksgrenze noch immer praktischen Zwecken diente, repariert worden sind. So trafen etwa im Juli 1732 der Rat und die (u.a. für die Verwaltung des Stadtvermögens und des Grundbesitzes, für Bauwesen, Handel und Gewerbe zuständige) Kammer mit Blick auf die im Folgejahr bevorstehende Einführung der Konsumtionssteuer Anstalten, die „Passagen" und Löcher in der Stadtmauer – Steuerschlupflöcher also in des Wortes ureigenster Bedeutung – zu verschließen.

58 | *Reste des Wiekhauses gegenüber dem Gerichtsgebäude, Stadtseite, Oktober 2008*

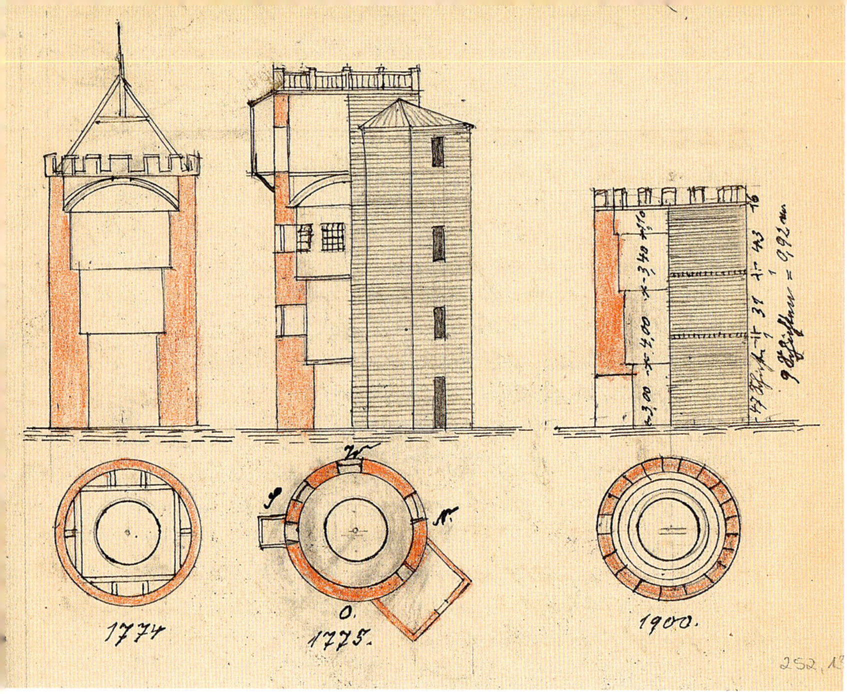

59 | Schnitt durch den Vangenturm vor und nach dem Umbau zur Sternwarte (1774 bzw. 1775). Der auf der linken Zeichnung dargestellte Zinnenkranz existierte im 18. Jh. nicht, dieser ist eine Zutat des 19. Jh. – Zeichnung rechts: Zustand des Turms um 1900. Skizze von Wilhelm Markmann (1850–1938), Brandmeister und Heimatforscher

Der östliche Teil der Stadtmauer vom Vangenturm bis zum Mühlentor verschwand im ersten Viertel des 19. Jahrhunderts, wohl im Zusammenhang mit der Abtragung des mittleren Hauptwalls in diesem Abschnitt, dessen Erde man für die Auffüllung des 1817/18 angelegten Alten Friedhofs an der Wolgaster Straße benötigte. Einige Teile der Mauer waren schon vor 1707 eingestürzt, sind aber offenbar danach noch einmal aufgebaut worden, weniger als Befestigung als zur Begrenzung der Grundstücke und Gärten der Kuhstraße. Weitere große Abbrüche bewirkte die Bautätigkeit der Universität und der Stadt. Mit der Wiederanlegung und Bebauung der Rubenowstraße 1880 bis 1886, dem Bau der Augenklinik 1885 bis 1887, des Physiologischen Instituts 1886 bis 1888 (seit 2001 Institut für Deutsche Philologie) und des Lyzeums 1872 (die städtische höhere Töchterschule trug seit 1891 den Namen Kaiserin-Auguste-Victoria-Schule, später August-Bebel-Schule) verschwand die Stadtmauer vom Universitätshof bis zur Fleischerstraße bis auf wenige Reste. Durch inneren Graben und mittleren Wall blieben hier aber die Konturen des historischen Stadtgrundrisses erhalten. Anders verlief die Entwicklung im Nordwesten der Stadt, auf dem Gelände des ehemaligen Dominikanerklosters, seit der Reformation im Besitz der Universität: Beginnend mit dem Anatomischen Institut 1853 bis 1855 wurden hier bis 1903 weitere Institutsgebäude und Kliniken errichtet. Mit dem Bau des Pathologischen Instituts 1869–1871 überschritt man die alte Stadtgrenze in Richtung Norden. 1903 folgte, ebenfalls die Linie der früheren Stadtmauer überschreitend, die Chirurgische Klinik. Infolgedessen hat sich die Stadt in diesem Bereich, am Nordausgang der Kapaunenstraße beginnend, über die alte Begrenzung nach Norden ausgedehnt. So ist von der nördlichen Stadtmauer nur noch das westliche Stück zwischen Kapaunenstraße und Ravensturm erhalten, dieses allerdings in seiner wohl ursprünglichen Gestalt. Sogar der innere Wall, auf dem die Mauer steht, ist noch erkennbar. An Höhe hat diese allerdings – wie alle erhaltenen oder rekonstruierten Teile – durch Verfall bzw. Abbruch einiges verloren.

Während von der Mauer wenigstens kleine Abschnitte noch vorhanden sind, suchen wir nach den Dominanten der alten Befestigungsbauten, den Toren und Wehrtürmen, heute vergebens – mit einer mehr oder weniger dem Zufall geschuldeten Ausnahme: Dem Vangenturm war, nachdem er als Wachturm und für Verteidigungszwecke ausgedient hatte, ein wechselvolles Schicksal beschieden. In einem Besichtigungsprotokoll vom 21. Mai 1764 wurde er wie sein Nachbar am Kuhstraßentor als Pulverturm bezeichnet, dessen Dach „sehr schadhaft" sei. Lange sollte der Vangenturm dem besagten Zweck allerdings nicht dienen: Am 9. Februar 1775 wurde das nutzlos gewordene Bauwerk für lediglich einen Taler und 16 Schillinge jährlicher Pacht der Universität überlassen. Das damals angefertigte Protokoll gibt eine recht genaue Beschreibung des

Turms, der dreieinhalb Geschosse hatte. Das letzte volle Geschoss war eingewölbt. Die Wandstärke verjüngte sich innen dreimal, wie heute noch erkennbar ist. Äußerlich war der Turm durch Stromschichten bzw. Sägezahnfriese, spitzwinklig eingesetzte Ziegel in dem sonst glatten Mauerverband, gegliedert. Deren Anordnung entspricht nicht den 1826 in einem Protokoll angegebenen Geschosshöhen. Zu dieser Zeit schlossen die beiden unteren Geschosse mit Balkendecken. Möglich ist, dass auch die unteren Geschosse ursprünglich eingewölbt waren und die Zahnfriese in Scheitelhöhe der Gewölbe lagen. Der Turm, der 1775 noch seinen spitzen Helm mit Mönch-Nonne-Deckung hatte, sollte auf Betreiben der Universität Sternwarte werden und wurde zu diesem Zweck erheblich umgebaut. Der Helm verschwand und das oberste Geschoss wurde äußerlich durch aufgesetzte Pfeiler erhöht, zwischen denen eine hölzerne Galerie verlief. Anstelle des Helms trug der Turm nunmehr ein mit geteertem Segeltuch überzogenes flaches Bretterdach. Durch den Aufbau erreichte der Turm die stattliche Höhe von etwa 19 Metern, immerhin sechs Meter mehr als heute. Im Nordosten wurde ein im Grundriss rechteckiger Treppenaufgang von 3,36 mal 4,48 Metern angefügt, der bis zur Galerie hinaufführte. Die Schießscharten mauerte man zu, stattdessen wurden in das zweite Geschoss ein, in das dritte drei Fenster eingebrochen. Das etwas erhöhte vierte Geschoss hatte sieben Fenster und eine Luke in der Decke für den Ausstieg auf das Dach.
Am 7. September 1826 wurde der Pachtvertrag aufgehoben. Als Sternwarte hatte sich der Turm wegen seiner Lage am Ryck in der Nähe sumpfiger Wiesen nicht sonderlich bewährt. Die Okulare der Fernrohre sollen häufig beschlagen gewesen sein. Die Anbauten wurden nach und nach wieder abgebrochen, das ungenutzte Bauwerk verfiel.

60 | Der Vangenturm als Sternwarte, Blick nach Osten. Tuschzeichnung von Anton Heinrich Gladrow (1785-1855), 25.10.1812. An der Stadtmauer hängen Fischernetze zum Trocknen.

61 | Blick vom nördlichen Ryckufer auf den Vangenturm (Bildmitte) und den „Runden Turm" am Kuhstraßentor (rechts). Farbzeichnung von A.H. Gladrow, 25.3.1823

62 | Der Vangenturm, Ansicht von Osten, 1995

63 | Vangenturm, September 2008

Im Jahre 1841 beschrieb ein anonymer Zeitgenosse den Zustand des Vangenturms wie folgt: „Dicht am Wasser steht noch ein hohes altes gothisches Gebäude, oben mit Bretter-Verschlägen, breitköpfig wie das Jahrhundert, welches es schuf; aber grotesk und ehrwürdig. Es wird ja wohl das Observatorium genannt. [...] Es geht seinem Verfalle mit starken Schritten entgegen, und das thut mir sehr leid, denn dieser Riese des Mittelalters nimmt sich da unten wie ein heiliger Wächter über die Stadt aus. Sehr wahrscheinlich werden die Greifswalder ihn abtragen."

Tatsächlich beschloss das Bürgerschaftliche Kollegium (die Bürgervertretung mit gewissen Kontrollbefugnissen gegenüber dem Magistrat) am 28. Januar 1868, beim Magistrat auf „den möglichst baldigen Abbruch dieses alten Gebäudes" zu dringen. Begründet wurde dies damit, dass der – noch immer als „alte Sternwarte" bezeichnete – Turm infolge der „schon lange schlechten Beschaffenheit einzustürzen drohe und für die Vorübergehenden gefährlich sei". Der preußische Konservator Ferdinand von Quast konnte den Abriss jedoch verhindern. In den Folgejahren wurde der Turm etwas saniert. Die Mauerkrone versah man mit dem heute noch sichtbaren historisierenden Zinnenkranz, den der Turm als Befestigungsbau niemals hatte. Schließlich wurden die Fenster zugemauert und in dem Turm eine öffentliche Bedürfnisanstalt für Männer eingerichtet. Da der unsaubere Zustand des Ortes Anstoß erregte, wurde der Zugang im November 1949 vermauert. Durch die neue Verkehrsführung des Hanserings seit den 1970er Jahren ist der alte Vangenturm in jüngerer Vergangenheit außerhalb des Weichbildes der Altstadt gerückt. Nach jahrelangem Leerstand wurde der Vangenturm zwischen 1992 und 1994 baulich gesichert. 1995 wurde die Außenwendeltreppe angebracht. Der letzte große Sachzeuge der mittelalterlichen Greifswalder Befestigungsbauten beherbergt seit 1998 das Büro des Hafenmeisters des Museumshafenvereins. Der Turm gilt als eines der ältesten Gebäude Greifswalds.

Über den Zustand, Verfall oder Abbruch des Ravensturmes konnte in den Akten bisher nichts ermittelt werden. Es ist anzunehmen, dass er bereits im 18. Jahrhundert eingestürzt ist oder abgetragen wurde, wenn nicht sogar schon nach der Beschießung von 1678.

Der „Runde Turm" an der Ostseite des Kuhstraßentores gab der Forschung lange Zeit Rätsel auf. Auf bildlichen Darstellungen und Karten reicht das Spektrum vom Turm bis zum Rondell, dem stadtseitig offenen Wiekhaus von geringer Höhe. Am 25. April 1759, also während des Siebenjährigen Krieges, in dessen Verlauf Greifswald zwar nicht Kriegsschauplatz, aber mehrfach von preußischen Truppen besetzt war, explodierte deren „Pulverlaboratorium". Dieses Laboratorium, das den preußischen Truppen zur Herstellung von Schießpulver diente, befand sich in einem Garten am Kuhstraßentor. Durch die Wucht der Explosion wurden mehrere Häuser in den Quartieren nördlich von St. Marien zerstört oder beschädigt, die Kirche selbst erlitt Beschädigungen am Dach, in der Sakristei und an den Fenstern. Das Explosionsunglück ist – im Anschluss an die Schriften der „Altmeister" der Greifswalder Stadtgeschichtsforschung, Carl Gesterding (1774–1843) und Theodor Pyl – bis in die jüngere Vergangenheit auf das Jahr 1758 datiert worden. Pyl nahm zudem irrtümlich an, der Turm am Kuhstraßentor selbst sei „aufgeflogen". Bis heute findet sich diese Version in stadtgeschichtlichen Darstellungen. Der „Aufflug" bzw. die „Aufsprengung des Pulver Laboratorii" (also nicht des Turms!) kann jedoch – wenn wir unterstellen,

64 | Blick auf Greifswald von Nordosten, um 1840. Noch wird die Stadt nach Norden hin, gegen den Ryck, von der Stadtmauer begrenzt, mit welcher der letzte der mittelalterlichen Mauertürme, der die Szenerie beherrschende Vangenturm, noch immer im Verband steht. Hingegen sind die Fortifikationswerke (Mauern, Bastionen, Wälle und Gräben) zwischen Vangenturm und Mühlentor nicht mehr existent – dieser Abschnitt ist dem Blick des Betrachters durch die östlich des Vangenturms, auf dem Gelände der Gaedeschen Schiffswerft, auf Stapel liegende Bark „Pallas" entzogen. Schiffbau, Schifffahrt und Seehandel erleben in jenen Jahren ihre letzte Blüte. Die Stadtmauer zwischen Vangenturm und Steinbeckertor muss in den 1850er und 1860er Jahren der Hafenerweiterung und dem Bau der Hafenbahn weichen. Lithographie von Ludwig Eduard Lütke nach einer Zeichnung von Carl August Menzel

65 | Der Greifswalder Stadtplan von 1707/08 (Ausschnitt: nördlicher Teil des Mühlentorviertels) zeigt präzise die Parzellenstruktur der einzelnen Quartiere. Im Norden erkennen wir mehrere unbebaute („wüste“) Grundstücke. Die Stadtmauer im Osten zwischen Vangenturm und Mühlentor, der ein Ravelin im nassen Graben vorgelagert ist, weist mehrere Lücken auf. Vor dem Mühlentor befindet sich ein Corps de Garde (Wachhaus), das in den 1720er Jahren als Pfandstall für Schweine und anderes Vieh verwendet wird. Der Turm am Kuhstraßentor ist als stadtseitig offener Halbschalenturm eingezeichnet. Auf dem nördlichen Ryckufer, gegenüber dem von Brügg- und Kuhstraße eingeschlossenen Quartier, steht ein weiteres Ravelin im Graben. Kopie des schwer reproduzierbaren Originalplans (teilkolorierte Transparentfolie), 1961

66 | *Schnitt durch den zuletzt als Pulverturm genutzten „Blauen Turm“ am Brüggstraßentor. Skizze von Wilhelm Markmann*

dass es binnen eines Jahres nicht zwei Katastrophen dieser Art gegeben hat – durch Eintragungen in den Ratsprotokollen (unterm 28. 4. 1759) sowie im (seit 2004 als Edition vorliegenden) Dekanatsbuch der Theologischen Fakultät der Universität präzise auf den 25. April 1759 datiert werden. Laut Dekanatsbuch wurde „die dikke Stadt Mauer am Wasser beim Kuhstrassen Thor […] übern Hauffen geworffen und eine ziemliche Offnung in der Stadtmauer gemacht". Neun Häuser wurden „ganz in die Asche gelegt" bzw. „sehr ruiniret". Mehrere Eintragungen in den städtischen Akten beziehen sich direkt auf das Ereignis. Einer Aufnahme der „wüsten" Häuser vom 10. September 1759 zufolge habe der Fischer David Sievert „sein Haus eingebüßet", wohingegen Weber Langes Haus „durch einige reparationes wiederum brauchbar gemacht werden" könne. Ein weiteres Haus sei „in etwas beschädigt", dagegen Schiffer Greckes „gäntzlich ruinieret". Das schon zitierte Besichtigungsprotokoll vom 21. Mai 1764 (siehe S. 52) bezeichnet noch beide Türme „am Ende des Schießwalles" und „am Kuhstraßen Thor" als Pulvertürme. Letzterer, der Turm am Ausgang der Kuhstraße, hatte zu diesem Zeitpunkt, fünf Jahre nach der Explosion des preußischen Pulverlabors, kein Dach mehr. Anfang des Jahres 1771 sollte das noch in diesem Turm lagernde Pulver in den Vangenturm gebracht werden. Am 17. Mai 1774 beschloss der Rat, die Kuhstraße vom Marienkirchhof bis zum Tor neu zu pflastern. Zu diesem Zweck sollten auch Steine, „die aus dem ausgebrochenen Rondel bey diesem Thor gekommen und aufbewahret worden" verwendet werden. Demnach ist der „Runde Turm" zwischen Anfang 1771 und Frühjahr 1774 abgebrochen und nicht durch die Explosion völlig zerstört worden. „Seine gewaltigen Steinmassen", wie Pyl schreibt, können also die Zerstörung „der Mehrzahl der Häuser in der Kuh- und Brüggstraße" kaum bewirkt haben. Die meisten Zerstörungen in diesem Gebiet sind vielmehr auf die Beschießung von 1678 zurückzuführen. Ein Indiz hierfür ist auch die Karte der schwedischen Landesmatrikel von 1707/08: Sie zeigt im Norden zwischen Kuh- und heutiger Schützenstraße sowie zwischen Brügg- und Knopfstraße zwei völlig unbebaute Quartiere. Leider fehlt solch detailliertes Kartenmaterial für die zweite Hälfte des 18. Jahrhunderts.

Nachdem der „Runde Turm" abgebrochen und der Vangenturm zur Sternwarte umgebaut worden war, nutzte man den „Blauen Turm" am Brüggstraßentor für die Aufbewahrung des Pulvers. Eine genaue Beschreibung des Bauwerkes findet sich in einem Protokoll vom 1. November 1819, als es sich „noch durchgehend in einem festen und guten Zustand" befand. Der Durchmesser des Turms betrug 6,64 Meter, sein Mauerwerk hatte durchgängig die beachtliche Stärke von 1,90 Metern in allen drei Geschossen, von denen die beiden untersten mit Gewölben schlossen. Das ergab eine lichte Weite von nur 2,84 Metern. Die Höhe bis zum Dachansatz betrug 12,75 Meter. Das Obergeschoss hatte zwei übereinander liegende Reihen Schießscharten. Das kegelige Dach wird als „Steindach" bezeichnet, hatte also keine Schieferdeckung mehr. Im Januar 1836 wurde der Abbruch beschlossen und nach dem 12. April desselben Jahres ausgeführt.

Die Entscheidung über den Abbruch von Teilen der Befestigungsanlagen lag allerdings auch ein Jahrhundert nach der Aufhebung der Festung Greifswald noch immer nicht im alleinigen Ermessen der – seit 1815 zu Preußen gehörenden – Stadt. In einer an sämtliche Regierungen gerichteten Generalverfügung vom 26. Mai 1828 brachten der preußische Minister des Innern und der Kriegsminister den Standpunkt des preußischen Staates dahingehend zum Ausdruck, dass es letzterem nicht gleichgültig sein könne, die alten städtischen Befestigungswerke „willkürlich zerstört zu sehen". Es bestehe ein Interesse des Staates daran, diese „Verteidigungs-Elemente […] für die Zeit der Gefahr, wo sie möglicher Weise von Wichtigkeit sein können, zu erhalten." Den Städten wurde es folglich untersagt, den Abbruch und die Einebnung der alten Defensionswerke „ohne vorgängige Autorisation" anzuordnen oder zu gestatten. Die städtischen Behörden hatten den beabsichtigen Abbruch eines Festungswerkes vielmehr bei der Regierung anzuzeigen. (Als Behörden der mittleren Verwaltungsebene standen die Regierungen an der Spitze eines Regierungsbezirks, von denen es in der Provinz Pommern drei – Stettin, Köslin und Stralsund – gab.) Die Regierungen wiederum waren gehalten, zunächst die Stellungnahme des Generalkommandos der Provinz einzuholen und sodann an das

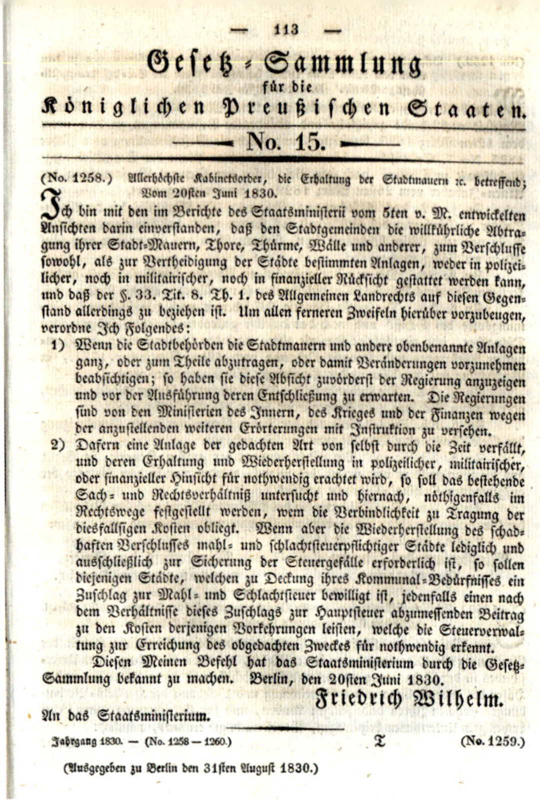
— 113 —

Gesetz-Sammlung
für die
Königlichen Preußischen Staaten.

No. 15.

(No. 1258.) Allerhöchste Kabinetsorder, die Erhaltung der Stadtmauern ꝛc. betreffend; Vom 20sten Juni 1830.

Ich bin mit den im Berichte des Staatsministerii vom 5ten v. M. entwickelten Ansichten darin einverstanden, daß den Stadtgemeinden die willkührliche Abtragung ihrer Stadt-Mauern, Thore, Thürme, Wälle und anderer, zum Verschlusse sowohl, als zur Vertheidigung der Städte bestimmten Anlagen, weder in polizeilicher, noch in militairischer, noch in finanzieller Rücksicht gestattet werden kann, und daß der §. 33. Tit. 8. Th. 1. des Allgemeinen Landrechts auf diesen Gegenstand allerdings zu beziehen ist. Um allen ferneren Zweifeln hierüber vorzubeugen, verordne Ich Folgendes:

1) Wenn die Stadtbehörden die Stadtmauern und andere obenbenannte Anlagen ganz, oder zum Theile abzutragen, oder damit Veränderungen vorzunehmen beabsichtigen; so haben sie diese Absicht zuvörderst der Regierung anzuzeigen und vor der Ausführung deren Entschließung zu erwarten. Die Regierungen sind von den Ministerien des Innern, des Krieges und der Finanzen wegen der anzustellenden weiteren Erörterungen mit Instruktion zu versehen.
2) Dafern eine Anlage der gedachten Art von selbst durch die Zeit verfällt, und deren Erhaltung und Wiederherstellung in polizeilicher, militairischer, oder finanzieller Hinsicht für nothwendig erachtet wird, so soll das bestehende Sach- und Rechtsverhältniß untersucht und hiernach, nöthigenfalls im Rechtswege festgestellt werden, wem die Verbindlichkeit zu Tragung der diesfallsigen Kosten obliegt. Wenn aber die Wiederherstellung des schadhaften Verschlusses mahl- und schlachtsteuerpflichtiger Städte lediglich und ausschließlich zur Sicherung der Steuergefälle erforderlich ist, so sollen diejenigen Städte, welchen zu Deckung ihres Kommunal-Bedürfnisses ein Zuschlag zur Mahl- und Schlachtsteuer bewilligt ist, jedenfalls einen nach dem Verhältnisse dieses Zuschlags zur Hauptsteuer abzumessenden Beitrag zu den Kosten derjenigen Vorkehrungen leisten, welche die Steuerverwaltung zur Erreichung des obgedachten Zweckes für nothwendig erkennt.

Diesen Meinen Befehl hat das Staatsministerium durch die Gesetz-Sammlung bekannt zu machen. Berlin, den 20sten Juni 1830.

Friedrich Wilhelm.

An das Staatsministerium.

Jahrgang 1830. — (No. 1258 — 1260.) T (No. 1259.)

(Ausgegeben zu Berlin den 31sten August 1830.)

67 | Allerhöchste Kabinettsorder (AKO), die Erhaltung der Stadtmauern etc. betreffend, vom 20.6.1830

Berliner Innen- bzw. Kriegsministerium zu berichten. Lediglich in Fällen, wo der Einsturz eines Befestigungswerkes drohte und somit Gefahr für die öffentliche Sicherheit bestand, waren die Regierungen befugt, selbstständig das Erforderliche zu veranlassen. Das auf diese Weise beschriebene staatliche Interesse war also durchaus *militärisch* motiviert. Dass die alten Greifswalder Verteidigungswerke im militärstrategischen Kalkül der preußischen Militärführung einen Faktor von Belang darstellten, darf hingegen mit Recht bezweifelt werden. Ein preußischer Offizier, Major Friedrich von Restorff, attestierte in seinem 1827 unter dem Titel „Topographische Beschreibung der Provinz Pommern" veröffentlichten Buch der Stadt am Greifswalder Bodden immerhin, dass sie „ehemals stark befestiget" war. Andererseits sprach aus Restorffs Ausführungen, wonach die Wälle zum Teil abgetragen und die Gräben verfüllt waren, die klare Einsicht in den nur mehr begrenzten militärischen Wert der Greifswalder Fortifikationsanlagen – dies ungeachtet der Tatsache, dass die Mauer noch existierte. Es ist daher fraglich, ob man bei weiteren Teilabbrüchen der Greifswalder Verteidigungswerke tatsächlich in jedem einzelnen Fall strikt nach der bezeichneten Ministerialverfügung vom 26. Mai 1828, welche dem Greifswalder Magistrat im Juni desselben Jahres durch die Stralsunder Bezirksregierung abschriftlich übersandt wurde, verfuhr.

Freilich: Eine vom preußischen König Friedrich Wilhelm III. (Regierungszeit 1797–1840) am 20. Juni 1830 erlassene „Allerhöchste Kabinetsorder" (AKO) bekräftigte nochmals ganz im Sinne der zitierten Ministerialverfügung von 1828 das den Stadtgemeinden auferlegte Verbot der „willkürlichen" Abtragung der Stadtmauern, Tore, Türme, Wälle und sonstigen Verteidigungsanlagen. Vor dem geplanten Abriss eines Festungswerks hatten die Städte auch weiterhin die diesbezügliche Entscheidung der – von den zuständigen Ministerien mit entsprechenden Instruktionen versehenen – Regierung abzuwarten. Im Unterschied zu der zwei Jahre zuvor erlassenen ministeriellen Verfügung führte die AKO – neben dem selbstverständlich ebenfalls erwähnten militärischen Aspekt – allerdings auch polizeiliche und finanzielle Gesichtspunkte ins Feld, namentlich den Verschluss „mahl- und schlachtsteuerpflichtiger Städte […] zur Sicherung der Steuergefälle". Noch im Dezember 1900 bewilligten Magistrat und Bürgerschaftliches Kollegium den nicht unerheblichen Betrag von 545 Mark als einmalige Ausgabe zur Reparatur der sehr schadhaften Stadtmauer im Bereich zwischen Naugangswiese und Papenstraße (also zwischen den später so genannten Credner-Anlagen und der heutigen Martin-Luther-Straße) mit der Begründung, dass die Mauer als historisches Bauwerk ohne Einwilligung des Regierungspräsidenten nicht abgerissen werden dürfe. Auch später wurden die noch existierenden Reste der Stadtmauer – nunmehr ausdrücklich unter denkmalpflegerischen Gesichtspunkten – mehrfach saniert bzw. restauriert, so etwa am „Grauen Kloster" (heute Pommersches Landesmuseum) in den 1960er Jahren und zuletzt 2007, wobei die Resonanz auf das im letzteren Fall gewählte Verfahren, die Bekleidung der Mauerkrone und anderer Teile der Mauer mit Cortenblech (vorbewittertem Stahlblech), durchaus keine einhellige war.

68 | Ausbesserung der Stadtmauer beim „Grauen Kloster", 1963

69 | Der mit Cortenblech verkleidete Mauerabschnitt am Pommerschen Landesmuseum, September 2008

70 | Die Wasserpforte bei der Büchstraße, 1845. Aquarell von Johann Martin Giehr (1763–1848)

Die an der nördlichen Greifswalder Stadtmauer gelegenen Wassertore hatten noch zumindest bis zur Mitte des 19. Jahrhunderts die oben erwähnte Funktion der Personen- und Warenkontrolle. Dies belegt eine Bekanntmachung der Polizeidirektion vom 27. September 1852, welche das „Publikum" darüber informierte, dass das „Verschließen und Oeffnen der Wasserthore nebst der Priesterpforte" [„hemelikes Dor" – d.Verf.] fortan eine Stunde nach Sonnenuntergang stattfinde. Baulich waren die Wassertore allerdings im 18. und 19. Jahrhundert starken Veränderungen unterzogen worden. Am 8. Mai 1788 stellten Stadtmaurer- und Stadtzimmermeister fest, dass die Tore der Fisch-, Büch- und Knopfstraße in sehr schlechtem Zustand seien. Unter anderem hätten die Torbögen und Seitenmauern Risse. Die Tore sollten aber saniert werden. Diese Sanierung war offenbar mit der Abnahme der Obergeschosse beim Fisch- und Büchstraßentor verbunden. Im Obergeschoss des Knopfstraßentores befand sich dagegen noch eine „Wohnung", die aus einem Flur mit Kochkamin und einer Stube bestand. Da das Tor nur 7,50 Meter breit, bestimmt aber nicht so tief war und zudem sicher starkes Mauerwerk hatte, sind die Raumverhältnisse im Obergeschoss in etwa vorstellbar. Darin wohnte der Baggerführer Völker – immerhin ein städtischer Angestellter – mit Frau und Tochter. Die „Wohnung" wurde noch bis Ostern 1834 bewohnt, zuletzt von einem Matrosen gleichen Namens, dem wegen Mietrückständen gekündigt wurde. Im April 1836 brach man dieses Tor, das letzte der Wassertore, das noch ein Obergeschoss hatte, zusammen mit dem Brüggstraßentor und dem „Blauen Turm" ab.

Das Kuhstraßentor hatte bereits 1791 keinen Torbogen mehr, ein Obergeschoss hatte es wohl nie besessen. Im September 1791 wurde die Durchfahrt auf 11 Fuß (3,27 Meter) verbreitert. Im April 1846 wurden die Reste des alten Tores abgebrochen.

Die verwertbaren Teile des Untergeschosses des Büchstraßentores gelangten zusammen mit dem – oben erwähnten – angebauten Haus erst im September 1857 zum Verkauf auf Abbruch. Dieses Tor hatte als letztes noch einen Bogen.

Das Fischstraßentor war schon im Frühjahr 1814 so erneuert worden, wie später außer dem Büchstraßentor alle anderen Wassertore: Nach Abbruch der Reste der alten Baulichkeiten wurden einfach zwei starke Pfeiler aufgemauert, die die Hangen der hölzernen Torflügel aufnahmen. Ein größerer Aufwand war jetzt nicht mehr nötig, und „kostbare", d.h. teure Instandsetzungsarbeiten an der alten Bausubstanz konnte und wollte die Stadt sich nicht leisten. Außerdem gestatteten diese neu errichteten „Pfeilertore" die dringend nötige Verbreiterung der Zufahrten zum Hafen, erlebte Greifswald doch im 19. Jahrhundert seine letzte Blütezeit als Seehandelsstadt. Auch die Pfeilertore verschwanden vollständig im Zuge des Abbruchs der Stadtmauer und der Nordseite der Hafenstraße 1856 bis 1858/59.

Abbruch – Neubau – Abbruch: die vier Haupttore

Ähnlich baufällig wie die Wassertore waren im 18. Jahrhundert auch die vier „Landtore" geworden. Das Steinbeckertor, eigentlich ein Wasser- bzw. Hafentor, wird in den Akten wegen seiner Lage an der Ausfallstraße nach Stralsund und wegen seiner Größe als Landtor geführt. Im August 1772 wurden die Tore besichtigt, um den Umfang der notwendigen Reparaturen festzustellen. Dieser war erheblich! Sämtlich waren die Tore aufgrund mangelnder Verankerung und zu schwacher Fundamente im Mauerwerk und in den Bögen gerissen. Die Dächer wiesen „viele lecken" auf. Die Balkenlagen waren teilweise verfault. Da es sich um dreigeschossige Tortürme handelte, das Vettentor war sogar viergeschossig, bedurfte es erheblichen Material- und Kostenaufwandes, um die Tore wenigstens notdürftig zu sichern und instandzusetzen. Am schlimmsten stand es um das Steinbeckertor, nicht viel besser um das Vettentor, dessen stadtseitiger Giebel teilweise aus Fachwerk bestand, das größtenteils verfault war.
Nur das Fleischervortor zeigte sich in besserem Zustand. Die anderen Vortore wurden nicht mehr genannt. Wahrscheinlich waren sie bereits abgebrochen worden und nicht so bedeutende Bauten gewesen wie der oftmals erwähnte „Zingel" an der nach Süden führenden Ausfallstraße. Auf das niedrigste Kostenangebot sollten die Reparaturen vergeben werden. Kostenanschläge wurden auch mehrere eingereicht, über eine Durchführung der geplanten Arbeiten finden sich aber keine Belege in den Akten. Der Zustand des Steinbeckertors war im Gegenteil 1779 noch der gleiche wie 1772. Abgesehen von notdürftigen Ausbesserungen scheint auch danach außer beim Fleischertor – hier befand sich um 1800 noch eine „Wohnung" in den Obergeschossen – nicht mehr viel geschehen zu sein.

Den Reigen der Abbrüche eröffnete das Mühlentor. Im April 1798 wurde der Abbruch beschlossen und im März 1800 ausgeführt. Schon im Februar 1801 lieferte der akademische Zeichenlehrer Johann Gottfried Quistorp (1755–1835) zwei Entwürfe für den Neubau, letzterer wurde aber „wegen der sehr bedeutenden Ausgaben in diesem Jahr" zurückgestellt. Nach vielem Hin und Her um die Baukosten fand die Grundsteinlegung schließlich am 11. August 1805 statt. Die entsprechende (inzwischen restaurierte) Pergamenturkunde blieb im Original erhalten. Quistorps Handzeichnung der Fassadenansicht befindet sich ebenfalls bei den Akten. Der Bau, der ursprünglich aus Sparsamkeit auf die schräg zur Straße liegenden Feldsteinfundamente des alten Tores gesetzt werden sollte, was Quistorp aber zu verhindern wusste, konnte 1805

71 | „Façade des Mühlenthores": Entwurf von Johann Gottfried Quistorp für den Neubau des Mühlentors, 1805–1811 danach erbaut.

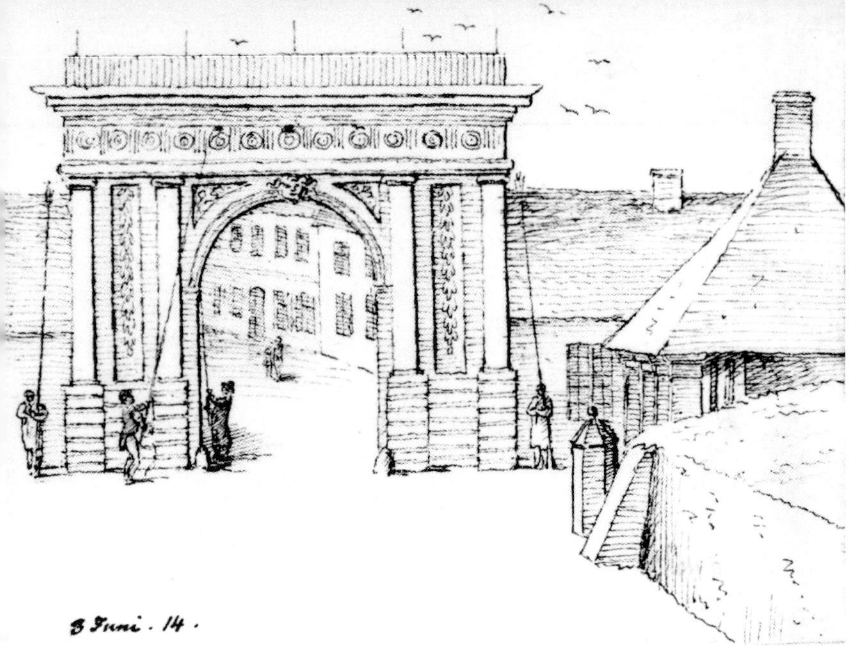

72 | *Mühlentor, Federzeichnung von A.H. Gladrow, 3.6.1814. Mit langen Stangen werden Schwalbennester vom Gesims entfernt.*

noch bis zur Dachhöhe ausgeführt werden. So blieb das Tor, bedingt durch die Napoleonischen Kriege und die französische Besetzung der Stadt, bis zum Sommer 1811 stehen. Erst danach wurde das Gesims mit Kupfer belegt. Die Schmuckvasen auf dem Dach wurden gar erst 1814 fertig und aufgestellt.

Im Gegensatz zu den mittelalterlichen Tortürmen und Vortoren sollten die nach 1800 errichteten Bauten nunmehr „zur Zierde der Stadt" dienen. Praktische Zwecke mussten sie dennoch erfüllen: Nicht jedermann sollte unkontrolliert in die Stadt gelangen können, und vor allem wurden von Fuhrwerken Wegegeld und für eingeführte Waren Zölle kassiert. Torwächter und Torschreiber waren dafür verantwortlich. Sie benötigten Aufenthalts- und Amtsräume. Entweder wurden neue kleine Gebäude dafür errichtet oder man nutzte ältere. Das Mühlentor bekam solche Anbauten. Und da das Haupttor nicht mehr durch schwere Torflügel verschlossen wurde, baute man 1818 ein Vortor, ein „Pfeilertor" von vier Pfeilern, zwischen denen ein verschließbares zweiflügeliges leichtes Staketentor hing. Ein Schlagbaum für den Tagesgebrauch vervollständigte die Einrichtung, die in Greifswald noch bis mindestens 1852 als Sperre genutzt wurde und an Sonntagen zur Kirchgangszeit für jegliches Fuhrwerk geschlossen blieb, „damit nicht Gelärme den Gottesdienst störe". In der Tat verursachten eisenbeschlagene Räder auf Kopfsteinpflaster erhebliche Geräusche. Der Volksmund gab dem geputzten und angestrichenen Haupttor den Namen „Weißes Tor", das ungeputzte Vortor hieß „Rotes Tor". Der Greifswalder Buchbindermeister Matthias Otto Oeberg beschrieb das Mühlentor in einem Brief vom 8. April 1821 wie folgt: „Von Anclam her ziert den Eingang in die Stadt ein prächtiges mit 8 Wachen besetztes Thor und mit Struktur Arbeit verziert. Die Zugbrücke ist weggebrochen und der weg gehet jetzt grade aus, aussen mit Gitter und Pallisaden versehen." Oebergs Bemerkung über die nunmehr – nach dem Verschwinden der Zugbrücke – geradlinige Wegführung bezog sich übrigens darauf, dass die Zugbrücken und damit die Zugänge zu den Haupttoren früher nicht frontal, sondern seitlich, im Winkel zur Längsachse der Tore, angeordnet waren. Dadurch konnten Angreifer im Falle eines Sturms auf die Stadttore, bei denen es sich um besonders zu schützende Verteidigungsabschnitte handelte, von verschiedenen Punkten der Befestigungswerke aus konzentriert unter Feuer genommen werden.

Das mittelalterliche Fleischertor wurde im Dezember 1813 „wegen Schadhaftigkeit zum größten Teil heruntergenommen". Die Fundamente ließ man liegen. Im Mai 1814 fiel auch das alte Vortor, der „Zingel", der Spitzhacke zum Opfer , obwohl „dieses alte Gebäude noch überall in einem guten und Baulichen Stande sey". Das Kammerprotokoll vom 7. April 1814 enthielt die bemerkenswerte Feststellung: „Allem Anschein nach hat dieses alte Gebäude in älteren Zeiten einen Theil der

73 | *Fleischervortor – der „Zingel" mit der Zugbrücke kurz vor dem Abbruch im Mai 1814. Federzeichnung von A.H. Gladrow, 27.5.1814*

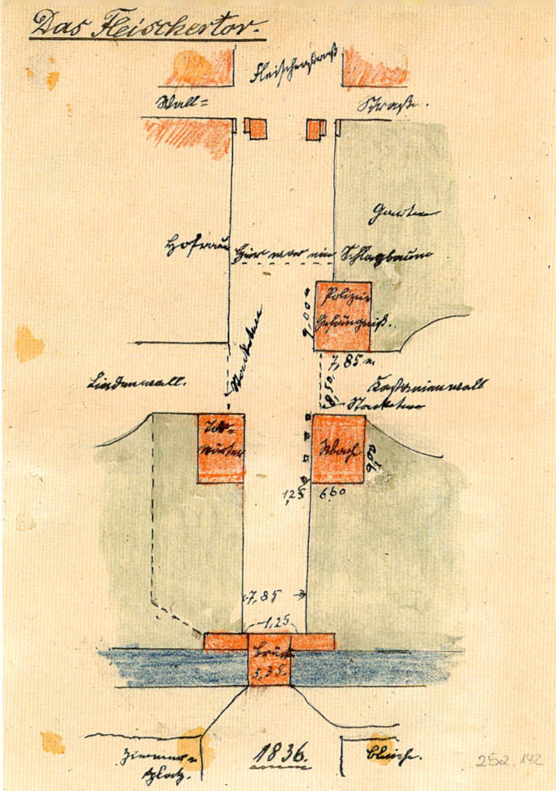

74 | *Lageplan des Fleischertors und der Nebengebäude, 1836. Die Fleischerstraße ist vom Wall beiderseits durch Staketen abgegrenzt. Am Lindenwall das Torwärterhaus, am Kastanienwall die Wache und das Polizeigefängnis, nördlich von letzterem der Schlagbaum. Skizze von Wilhelm Markmann*

Festungswerke ausgemacht, und es ist auch jetzt noch dergestalt eingerichtet, daß es bei einer feindl[ichen] Invasion leicht dazu zu benutzen sein würde, es mit Canonen oder anderem schweren Geschütz zu besetzen u[nd] so wenigstens auf einige Zeit die Stadt gegen feindl[ichen] Angrif zu vertheidigen." Von historischem Verständnis zeugt der Text kaum, dagegen schon eher vom Vorrang kaufmännischer Kalkulationen, wenn in dem Protokoll weiter ausgeführt wird, das alte Gebäude gewähre im Grunde der Stadt keinen Nutzen, die Stadt habe davon keine Einnahmen. Rein ökonomische Erwägungen zeichneten letztlich für den Abbruch verantwortlich, denn das Abbruchmaterial ließ sich immerhin noch verkaufen oder in städtischen Gebäuden weiter verbauen. Allein 40.000 Mauersteine wurden am 24. Mai 1814 als billiges Baumaterial versteigert.

Über den Neubau des Fleischertores wurde im Rat lange debattiert. Nach Ansicht mehrerer Ratsherren sollte es so einfach und vor allem billig wie möglich sein. Endlich begann Stadtmaurermeister Hoffmann im Juli 1817 mit dem Bau eines einfachen „Pfeilertores". Da diese Lösung beim „Publicum" auf wenig Akzeptanz stieß, entschloss sich der Rat, doch ein massives Stadttor im klassizistischen Stil bauen zu lassen. Ende August war das Tor schon bis zu halber Höhe aufgemauert, übrigens zu einem großen Teil aus Abbruchsteinen, als das „Publicum" feststellte, dass das Bauwerk schiefwinklig sei, „schmiegisch" (schräg) zur Straße stehe und dass Hofmann mit „Sparkalk" (eine Mulde Kalk, zwei Mulden Lehm) mauere. Wieder entstand Streit, ob schiefwinklig weitergebaut oder abgebrochen werden sollte. Aus Kostengründen entschloss sich der Rat zum Weiterbau und verpflichtete Hofmann, von nun an „reinen schieren Kalk" zu nehmen. Im Dezember 1817 wurde der Bau endgültig abgerechnet. Wie beim Mühlentor war auch beim Fleischertor ein neues Torwächterhaus errichtet worden. Ein Vortor, Schlagbaum oder eine Kette fehlten dagegen noch 1821. Später ist dann zwischen Wall und Tor lediglich ein Schlagbaum gesetzt worden. Nach dem Urteil unseres bereits zitierten Gewährsmannes, des Buchbindermeisters Oeberg, vom April 1821 war das neue Fleischertor „simbler als das Mühlenthor, aber doch auch geschmackvoll".

75 | Die Bleistiftszeichnung Caspar David Friedrichs von 1815 zeigt die Steinbeckerbrücke und, rechts im Bild, das Steinbeckertor. Zwei Jahre später begann der Abbruch des Tores.

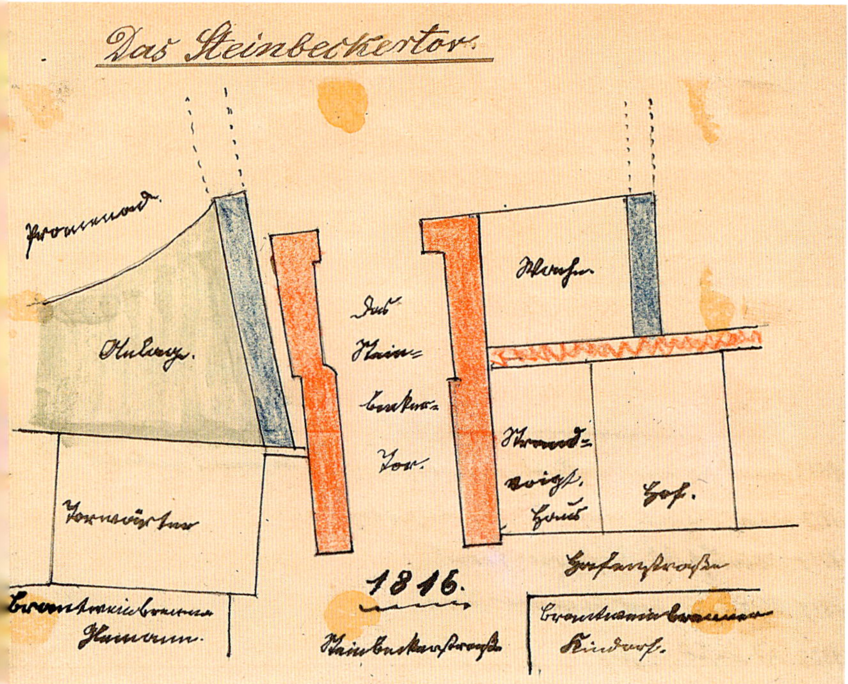

76 | Lageplan des Steinbeckertors und der Nebengebäude, 1816. Skizze von Wilhelm Markmann

Beim Steinbeckertor bildeten Haupt- und Vortor eine Einheit, für eine weiträumige Toranlage fehlte hier der Platz. Das „äußere Tor“, wie es in den Akten bezeichnet wird, war bereits im 17. Jahrhundert so baufällig, dass es 1624 angesichts der drohenden Belagerungen erneuert werden musste. Das geschah im zeitgemäßen Renaissance-Stil, wobei auch auf figürlichen Schmuck nicht verzichtet wurde.

Am 13. November 1816 stellten Stadtmaurer- und Stadtzimmermeister fest, dass das Tor „durch eine Reparatur durchaus nicht mehr zu halten sey, sondern so bald wie möglich, wenn auch nur halb, herunter genommen werden müßte“. Zeichenmeister Quistorp, der für Greifswalder Bürger viele Häuser entworfen und auch die Zeichnungen zu den Neubauten des Mühlen- und Fleischertores geliefert hatte, schätzte die Sache bei weitem nicht so dramatisch ein und machte Vorschläge zur Sicherung des Bauwerkes, die von Sachkenntnis zeugen. Nach den üblichen Auseinandersetzungen um die Kosten, die auch hier in die Frage Reparatur oder Neubau mündeten, kam der Rat am 9. Dezember zu dem Entschluss, das Tor „bis an das untere Gesims über der Bogenspannung“ abzubrechen. Dies geschah im Frühjahr 1817. Bei dem nun ohne Dach verbliebenen Untergeschoss war der Verfall erst recht nicht mehr aufzuhalten. Folgerichtig musste es wenig später, ab dem 18. Mai 1820, ebenfalls abgetragen werden. Nur die Seitenmauern blieben bis in Torflügelhöhe stehen. Die vier Kalk- und Sandsteinfiguren, die auf dem äußeren Giebel gestanden hatten, waren schon 1817 auf den Stadthof in der Steinbeckerstraße gebracht worden. Die Sandsteine des Torbogens und Gesimses schaffte man ebenfalls dorthin. Letztere wurden 1822 verkauft, erstere verwitterten mehr und mehr. 1895 waren noch Reste vorhanden, dann verliert sich die Spur.

77 | *Das Steinbeckertor, wie es 1833–1879 (in diesem Jahr wurden die Nebengebäude abgebrochen) aussah. Lithographie von Ludwig Eduard Lütke nach einer Zeichnung von Carl August Menzel, um 1840*

Erst 1831 konnte man sich zu einem Neubau des Tores entschließen, bis dahin war es nicht gelungen, die veranschlagten 4.000–5.000 Taler aufzubringen. Vier Entwürfe lagen inzwischen vor, keiner entsprach jedoch den Vorstellungen des Rates, der den Swinemünder Bauinspektor Starke, den Stadtbaumeister Kämmerling und den als Architekten bezeichneten Maler Johann Gottlieb Giese (1787–1838) hinzuzog. Giese, ein Freund Caspar David Friedrichs und wie dieser ein Schüler Quistorps, hatte sich durch die Neugestaltung des Mittelschiffs der Nikolaikirche (1824–1832) einen Namen gemacht. Alle drei fertigten nun mehrere Zeichnungen an, von denen aber keine erhalten ist. Es scheint so, als sei einer der drei Entwürfe Starkes zur Ausführung gekommen, nachdem er von Kämmerling überarbeitet und kostengünstiger gestaltet worden war.

Mit dem Abbruch der Reste des alten Tores und des Wachgebäudes wurde im August 1832 begonnen. Der „Grundbau", darunter ist das aus Pfahlrost mit Steinpackung bestehende Fundament zu verstehen, war im April 1833 fertig. Zum Unmut der Bürger gingen die Arbeiten nur sehr schleppend voran. Kämmerling musste einen Bürgen stellen, damit ihm die Fortführung des Baues übertragen wurde. Die offizielle Grundsteinlegung fand am 12. April 1833 statt. Eine Urkunde, beinhaltend einen Abriss über die jüngste Geschichte und den damaligen Zustand der Stadt sowie einige Münzen wurden in einer Kupferkapsel unter der nordwestlichen Säule eingemauert. Bei späteren Reparaturarbeiten am Tor wurde die Urkunde 1879 wieder aufgefunden und ihr Text in einer Tageszeitung abgedruckt, seitdem ist sie verschollen. Es stellt sich die Frage, wo sie beim späteren Abbruch des Tores geblieben sein mag.
Ab Frühjahr 1833 war dem Bauinspektor und Greifswalder Universitätsbaumeister Carl August Menzel (1794–1853) die Gesamtaufsicht für den Bau übertragen worden, ab Juli bezog er festes Gehalt dafür. Neben dem Fortgang der Arbeiten hatte bisher auch die Qualität nicht befriedigen können. Im Juli 1833 war das Tor bis auf den noch fehlenden Überbau fertiggestellt. Es präsentierte sich gewissermaßen als Miniaturausgabe des Brandenburger Tores in Berlin, mit massiven Seitenmauern und vier paarweise angeordneten, die breite Mitteldurchfahrt von den schmalen Seitengängen abgrenzenden dorischen Säulen, auf denen ein kräftiger Architrav ruhte. Der Putz der Seitenmauern war gequadert, um den Eindruck massiver Steinblöcke zu erwecken. Viele Greifswalder Bürger waren sehr stolz auf dieses Bauwerk. Der gesamte Überbau wurde aus Kostengründen in Holzkonstruktion durchgeführt. Die Zeichnung hierfür lieferte Menzel, gezimmert wurde von Altermann Thurow, der als besonders zuverlässig und gewissenhaft galt.

78 | Entwurf des Stadtmaurermeisters Daniel Erler für die barocke Umgestaltung des Vettentors. Diese Gestalt hatte das Tor von ca. 1778 bis 1840.

789 | Dr. Carl Päpke (1797–1858)

Seitlich an das Tor waren passende Nebengebäude angesetzt, die zunächst als Torwache und als Wohnung für den Torschreiber genutzt wurden. Ende Oktober 1833 war dann endlich auch das Dach fertig, es fehlten lediglich noch die Schmuckelemente: vier preußische Adler auf den Torecken; während die beiden Mittelschilder neben dem Greifen Symbole der Schifffahrt und des Handels enthalten sollten – immerhin war Greifswald eine der vier vorpommerschen Seestädte!

Allerdings hielten die Stadtväter die Anfertigung dieser Schmuckelemente aus Kupfer und Bronze denn doch für zu kostspielig. Die Ausschmückung wurde „ausgesetzt“, und dabei ist es dann geblieben.

Das östliche Seitengebäude, ursprünglich Torwache, wurde später als „Baggerschmiede“, als Reparaturwerkstatt für den städtischen Bagger, benutzt. 1878 zeigten sich Tor und Seitengebäude in so schlechtem Zustand, dass umfangreiche Reparaturen durchgeführt werden mussten. Das führte im April 1879 zum Abbruch beider Nebengebäude. Das Tor wurde saniert, u.a. wurden die vier Säulen, die versackt waren, durch große Granitplatten unterfangen, um ihre tragende Funktion wiederherzustellen. 1892 hatte ein Sturm das mit Zinkblech belegte Dach teilweise abgedeckt. Im Bürgerschaftlichen Kollegium entbrannte wie schon 1879 eine erhitzte Diskussion, ob das Tor abzubrechen sei oder nicht. Schließlich bewilligte eine Mehrheit die Reparaturkosten. Der Magistrat hatte sich ebenfalls gegen den Abbruch ausgesprochen. Das Tor blieb stehen, auch als sich 1904, wiederum anlässlich einer Restaurierung, die gleichen Diskussionen entspannen.

Das Schicksal des Vettentors unterschied sich von dem der anderen drei Haupttore. Um 1375 soll es bereits erneuert worden sein. Möglicherweise hat man damals aufgrund der gegenüber den anderen Toren um ein Stockwerk größeren Höhe auf bessere Fundamentierung Wert gelegt. „Sehr schadhaft“ war das Tor dennoch, wie es im Protokoll einer Besichtigung vom 4. September 1773 hieß. Am 26. Mai 1777 nahm der Universitätsprofessor Röhl, der den Umbau des Vangenturms zur Sternwarte bewirkt hatte und diesen als solche nutzte, an einer weiteren Besichtigung teil. Er machte den Vorschlag, die beiden oberen Geschosse abzutragen und auf dem zweiten Geschoss barocke Giebel aufzumauern. Die beiden unteren Geschosse bedürften nur einer geringen „reparation“. Lediglich die Ankerbalken sollten teilweise erneuert und das Mauerwerk ausgebessert werden. Maurermeister Daniel Erler zeichnete einen Entwurf, der im Original erhalten ist. Dieser zeigt für das Tor einen quadratischen Grundriss von 32 mal 32 Fuß (9,50 Meter im Quadrat) und eine Höhe der beiden Untergeschosse von 38,75 Fuß (11,50 Meter). Selbst wenn wir annehmen wollen, dass der obere Teil eine geringere Geschosshöhe als der untere hatte, erreichte das alte Tor wohl die stattliche Höhe von etwa 20 Metern und ist deshalb auf allen älteren Stadtansichten als eines der heraus-

80 | Caspar David Friedrichs um 1818 entstandenes Aquarell (Ausschnitt) zeigt den Blick aus dem Haus Markt 10 (heute Sparkasse) auf den Markt und mehrere Angehörige der Familie des Malers. Im Hintergrund, am Westausgang der Langen Straße, ist das Vettentor zu erkennen.

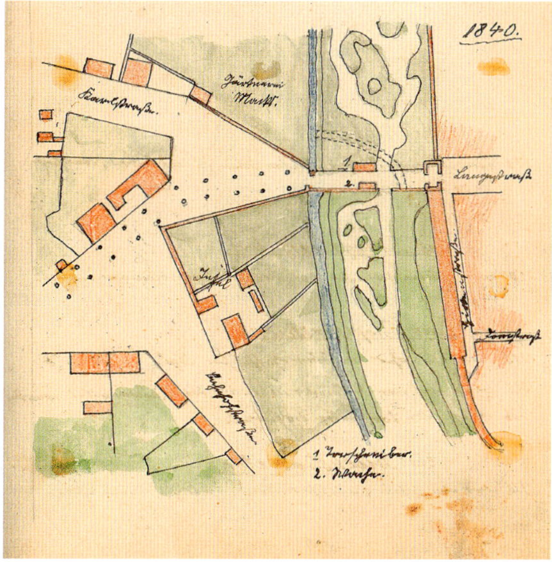

81 | Lageplan des Vettentors und der Nebengebäude, 1840. Skizze von Wilhelm Markmann

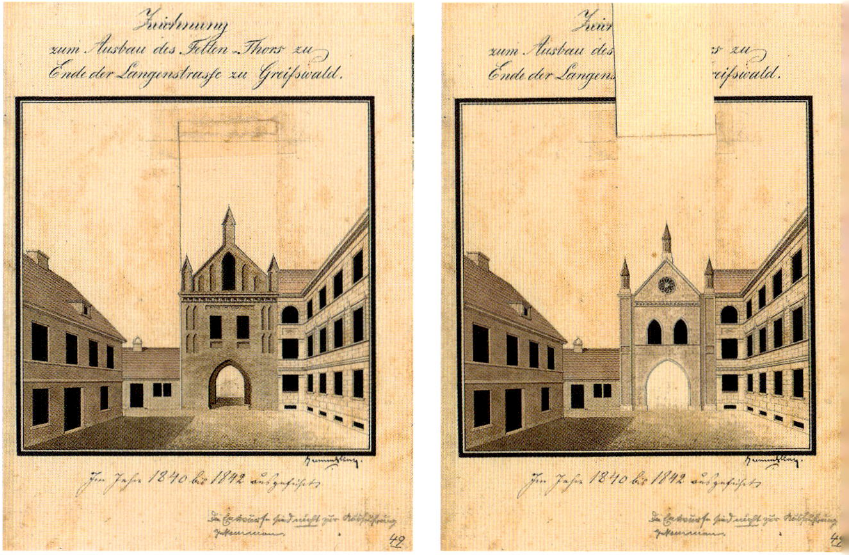

82 | Entwürfe zur neugotischen Umgestaltung des Vettentors von Stadtmaurermeister Kämmerling um 1833. Aus Kostengründen kamen sie nicht zur Ausführung

ragenden Bauwerke der westlichen Altstadt dargestellt.
Die Abtragung der Obergeschosse und die Ausführung des Erlerschen Entwurfes könnten nach den vorliegenden Rechnungen um 1778 vorgenommen worden sein. Mit barockem Giebel jedenfalls hat der Maler Caspar David Friedrich (1774–1840) das Vettentor auf seinem um 1818 entstandenen Aquarell „Der Marktplatz in Greifswald" dargestellt, und so muss es bis 1840 ausgesehen haben. Dies bezeugt ein undatierter Aktenvermerk des Stadtkämmerers und späteren (1846–1858) Bürgermeisters Päpke: „In den Jahren 1840 bis 1842 ist das Fettenthor wiederum restaurirt, der obere Theil insbesonder abgenommen und nach hergestellter größerer u. höherer Thorwölbung mit einem veränderten Dach wieder neu gemacht." Um 1833 gezeichnete Entwürfe des Stadtbaumeisters Kämmerling zur neugotischen Umgestaltung des Tores sind infolge sehr hoher Kosten nicht ausgeführt worden. Mit einem flachen Dach versehen, blieben die Untergeschosse noch bis zum Herbst 1867 stehen. Wegen Verbreiterung der Ausfahrt wurde das Gebäude ab 2. September 1867 innerhalb weniger Tage abgebrochen, das Fundament war davon ausgenommen. Alles Material verblieb zur

83 | Das Vettentor von 1842 bis zum Abbruch 1867 mit Flachdach und vergrößerter Durchfahrt

84 | Das neue Fleischertor mit Torwache und Torschreiberhaus, 1817–1868

85 | Das Mühlentor von 1811 bis 1872. Rechts die Torwache und das Torschreiberhaus

Wiederverwendung im Eigentum der Stadt, muss also noch brauchbar gewesen sein. Sang- und klanglos verschwanden die Reste des letzten, in seinem Kern noch mittelalterlichen Stadttores. Seine Erhaltung wurde offenbar nicht einmal in Erwägung gezogen, und die Worte „Denkmal" oder „Baudenkmal" sucht man in der betreffenden Akte vergebens.

Am 28. März 1868 wurde das Fleischertor für 48 Reichstaler an den Maurermeister Gaede auf Abbruch verkauft und vom 14. bis 22. April desselben Jahres abgebrochen. Das Abbruchmaterial, das ja zu einem Teil bereits zum zweiten Mal verwendet worden war, überließ die Stadt der ausführenden Firma. Erst Ende September 1879 verschwand auch die Torwache und das Torschreiberhaus, zusammen mit dem alten Polizeigefängnis.

Am 18. März 1872 erhielt derselbe Maurermeister für 121 Reichstaler den Zuschlag für den Abbruch des Mühlentores, einschließlich der Verfügung über das dadurch gewonnene Baumaterial. Lediglich die wertvollen Kupferplatten der Dachbedeckung und die Ziervasen behielt die Stadt, sie wurden öffent-

86 | Das Steinbeckertor (Feldseite) mit der neuen Steinbeckertorbrücke um 1910

87 | Steinbeckertor, Seitenansicht (Ostseite), um 1940

88 | Steinbeckertor, Stadtseite, um 1940. Links „Gasthaus zur Sonne“

lich versteigert und brachten immerhin noch 400 Reichstaler ein. Innerhalb von fünf Tagen, vom 3. bis 7. April 1872, war das Zeugnis klassizistischer Quistorpscher Baukunst verschwunden.

Das Steinbeckertor schließlich fiel den Notzeiten nach dem Zweiten Weltkrieg zum Opfer. Jahrelang stark vernachlässigt, war der Oberbau baufällig und zu einer Gefahr für die Passanten geworden. Auch die Erschütterungen durch den zunehmenden Kraftfahrzeugverkehr im 20. Jahrhundert mögen zum Verfall beigetragen haben. In der unmittelbaren Nachkriegszeit fehlten Material, Geld und Zeit zu einer notwendigen gründlichen Sanierung.

So beschloss die Stadtverordnetenversammlung am 19. Januar 1951 den Abbruch aus „verkehrstechnischen“ Gründen. Der hölzerne Oberbau wurde ab 14. März kostenlos durch die Baufirma Luhde und Pischel heruntergenommen, im April 1951 wurden die Säulen und Seitenmauern abgetragen. So verlor Greifswald sein letztes Stadttor, über dessen Denkmalwert die Meinungen schon im 19. Jahrhundert sehr gegensätzlich gewesen waren.

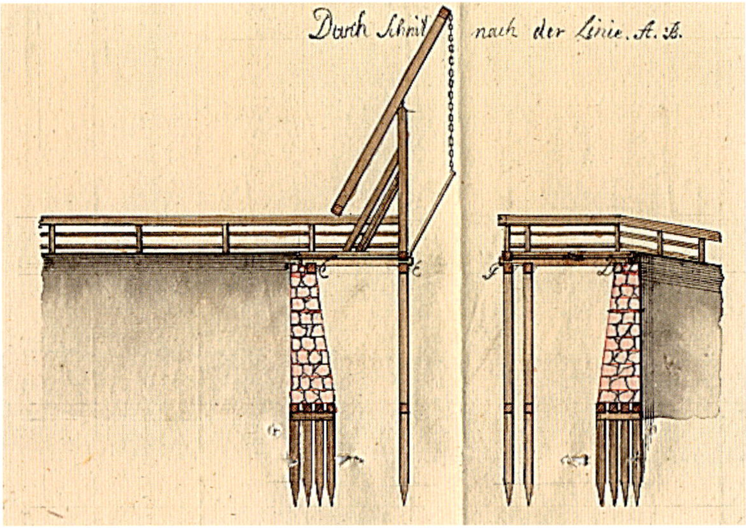

89 | Zeichnung zum Neubau der Mühlentorbrücke von 1780. Ähnlich sahen auch die Brücken beim Fleischer- und Vettentor aus.

90 | Brücke am Fleischertor, 1836 gebaut. Skizze von Wilhelm Markmann

Die Brücken

Die massiven Brücken über den Stadtgraben sind sämtlich Kinder des 19. Jahrhunderts. Bis etwa 1800 waren die Brücken über den noch vorhandenen mittleren Graben ausschließlich hölzerne Zugbrücken, die ständig aufwändige Reparaturen erforderten. 1801 entstand die erste massive Brücke über den Stadtgraben beim Vettentor, die 1869 erneuert und verbreitert wurde. Gleiches geschah 1819 und 1875 beim Mühlen- sowie 1836 und 1878 beim Fleischertor. 1878 und 1887 erhielten die Rubenow- und Papenstraße (Martin-Luther-Straße) durch steinerne Brücken überhaupt erstmalig Verbindung zur Bahnhofstraße, bis dahin war ein Durchgangsverkehr für Fahrzeuge nicht möglich. Ab 1881 konnte man vom Wall über eine Brücke direkt zum Bahnhof gelangen, und seit 1910 existierten die hölzernen Fußgängerbrücken im Bereich der heutigen Goethestraße, früher „Am Graben", die 1987 durch Stahl-Betonkonstruktionen ersetzt worden sind.

Die Steinbeckerbrücke über den Ryck ist so oft erneuert oder repariert worden, dass wir uns auf eine Aufzählung beschränken müssen. 1764/65 erfolgte ein Neubau der Zugbrücke, 1800 wurde diese durch eine feste Holzbrücke ersetzt, die 1833 teilweise massiv, aber immer noch mit Bohlenbelag, erneuert wurde. Ständige Reparaturen sowie zu geringe Breite und Tragfähigkeit führten schließlich 1903 zum Bau einer Betonbrücke und zu deren Rekonstruktion 1950. In den Jahren 1996/97 wurde schließlich im Auftrag des Straßenbauamts Stralsund ein kompletter Ersatzneubau durchgeführt. Die Steinbeckerbrücke ist durch ihre Lage – und ungeachtet der vor einigen Jahren, 1997–2004, gebauten Umgehungsstraße – noch immer das Nadelöhr der Verkehrsverbindung der Stadt nach Norden in Richtung Stralsund.

Resümee und Ausblick

Die Hauptlinien der Geschichte der Greifswalder Befestigungsanlagen bis zu ihrem Verfall und Teilabbruch im 18./19. Jahrhundert lassen sich im landesgeschichtlichen Kontext wie folgt zusammenfassen:

Die ersten Wehranlagen, zunächst hölzerne Pfahlwerke und Wall-Graben-Systeme, entstanden in der Stadtgründungsphase der 1250 mit lübischem Recht und 1264 mit dem Verteidigungsrecht bewidmeten Stadt. Obschon absolute Daten aus dieser Zeit kaum vorliegen, können Aussehen und Entwicklung der mittelalterlichen Greifswalder Stadtfortifikation zumindest in groben Umrissen skizziert werden. Seit den 1270er Jahren errichteten die Greifswalder Bürger – zeitlich parallel zu anderen Großbauten – die massive Stadtmauer, eines der Wahrzeichen der mittelalterlichen Stadt, mit ihren Toren und Türmen. Im Mittelalter war das Areal der ummauerten Stadt faktisch mit der Gesamtstadt identisch. Es darf unterstellt werden, dass zumindest Ende des 13. und während des 14. Jahrhunderts, als die Hansestadt am Greifswalder Bodden ihre erste Blütezeit erlebte, die Befestigungsanlagen sich nicht lediglich durch ihre imposante äußere Erscheinung, sondern auch durch eine beträchtliche Verteidigungswirkung auszeichneten.

Von einem diese Bezeichnung verdienenden territorialen *Festungssystem* konnte im Herzogtum Pommern indessen im Grunde bis zum Dreißigjährigen Krieg nicht die Rede sein. Ungeachtet temporärer Zusammenschlüsse in Handels- und Verteidigungsbündnissen hatten die Städte sich jeweils allein befestigt. Macht und Einfluss der pommerschen Herzöge waren zumal gegenüber den ihre Privilegien hartnäckig verteidigenden Hansestädten begrenzt.

91 | Am Graben, Blick von Nordosten, um 1920

Eine adäquate Reaktion auf die frühneuzeitlichen Innovationen im Militärwesen (besonders in der Entwicklung der Artillerie und der Taktik des Belagerungskriegs), die im Ausbau und in der Modernisierung der Befestigungsanlagen hätte bestehen müssen, ist in Greifswald vor Ausbruch des großen Krieges unterblieben – ein Urteil, das im Übrigen mutatis mutandis auf die meisten vorpommerschen Städte zutrifft. Der Dreißigjährige Krieg, der in Norddeutschland seinem Charakter nach ein *Festungskrieg* war, brach über ein Territorium herein, das zwar über recht günstige *natürliche* Voraussetzungen (geographische Lage von Flussläufen, Mooren etc.) zur Verteidigung verfügte, das aber durch feste Plätze, was deren Lage und Zustand anging, völlig unzureichend geschützt war. Eine Verteidigung der Stadt Greifswald etwa konnte sich lediglich auf die landseitig von einem Hauptwall umgebene mittelalterliche Ringmauer stützen, was, obgleich letztere teilweise rondelliert war und daneben auch die Vortore und Türme wenigstens in gewissem Umfang das Flankieren der Mauer und Bestreichen des Grabens ermöglichten, in keiner Weise dem Stand des modernen Befestigungswesens entsprach.

Während des Dreißigjährigen Krieges war Greifswald fast vier Jahre lang, von November 1627 bis Juni 1631, von Wallensteinisch-kaiserlichen Truppen besetzt. Die Zeiten weitreichender städtischer Selbstbestimmung gehörten – auch und vor allem in Festungsfragen – der Vergangenheit an. Unter den kaiserlichen Befehlshabern Marazzan und Perusius wurde Greifswald insbesondere ab 1630 nach niederländisch-bastionierter Manier befestigt. Die Anlage der bestimmten mathematisch-geometrischen Konzepten folgenden Bastionen, Halbbastionen, Kron- und Hornwerke etc. schloss tote Winkel aus und ermöglichte eine weitgehende Beherrschung der Gräben und des Vorfelds. Im Zuge der Bastionierung der Greifswalder Befestigungsanlagen erfuhren Stadtgrundriss und Stadtgestalt die gravierendsten Veränderungen seit dem Mittelalter. Das charakteristische, durch die Kupferstiche Merians und Swiddes weithin bekannte und von Bastionen, Wällen und Gräben dominierte Bild der frühneuzeitlichen Stadt am Ryck hat seinen Ursprung in jenen Jahren.

92 | Blick auf Greifswald von Westen, 2006

Nach der Übernahme der Stadt durch die Schweden im Juni 1631 bauten diese die Stadtbefestigung durch die Anlage zusätzlicher Außen- und Vorwerke, die sich in immer größerer Entfernung von der Stadtmauer potentiellen Angreifern gleichsam wie gepanzerte Fäuste entgegenstreckten, weiter aus.

Unter schwedischer Herrschaft entwickelte sich Vorpommern von einem in militärischer Hinsicht passiven Randterritorium des Reichs zur Operationsbasis der schwedischen Truppen, um schließlich, nach 1648, in eine stark befestigte, ständig gerüstete schwedische „Militärprovinz" verwandelt zu werden. Was die pommerschen Herzöge gegen den Widerstand der ihre Autonomie behauptenden Städte nicht durchzusetzen vermocht hatten, nämlich den planmäßigen Ausbau bestehender und die Anlage weiterer Festungen im Rahmen einer konkreten militärstrategischen Konzeption, realisierte jetzt das im Auftrag der schwedischen Krone handelnde schwedische Offizier- und Militäringenieurkorps. Innerhalb des von der schwedischen Krone auf pommerschem Gebiet etablierten Festungssystems galt Greifswald – wenn es auch in verkehrspolitischer und militärstrategischer Hinsicht die Bedeutung Stralsunds, des wichtigsten schwedischen Stützpunkts in Pommern, nicht erlangt hat – als stark befestigter Platz. Als solcher trotzte Greifswald dem Ansturm der brandenburgischen

Truppen im September 1659. Es war dies die letzte erfolgreich bestandene militärische Bewährungsprobe der Greifswalder Befestigungsanlagen.

Die Entfestigung Greifswalds 1720 war nicht das Ergebnis eines einzelnen Verwaltungsaktes, der mit einem Federstrich das Ende der Festung Greifswald verfügt hätte. Die Aufhebung des Festungscharakters muss vielmehr als ein längerwährender Prozess begriffen werden, für den – während einer Übergangszeit von etwa 1680 bis 1720 – verschiedene Faktoren von Bedeutung waren. Im schwedisch-brandenburgischen Krieg, in dem Greifswald 1678 gewaltsam von den Truppen des Großen Kurfürsten eingenommen wurde, hatten sich die Fortifikationsanlagen nicht bewährt. Spätestens seit 1680 stand die Festung Greifswald de facto zur Disposition, wurde aber zunächst formal nicht aufgehoben. Erst nach dem verlorenen Nordischen Krieg, aus dem Schweden politisch und militärisch erheblich geschwächt hervorging und in dessen Verlauf Greifswald abermals, diesmal kampflos, von Truppen der Feindkoalition (Russland, Sachsen, Dänemark) besetzt wurde, ohne dass die Wehranlagen in militärischer Hinsicht eine Rolle gespielt hätten, hob die schwedische Krone den Festungsstatus Greifswalds (wie auch den einiger anderer schwedisch-pommerscher Städte) auf. Damit hatten die Greifswalder Befestigungsanlagen aufgehört, Gegenstand militärstrategischer Planungen der schwedischen Militärführung zu sein. Die im Dreißigjährigen Krieg verlorene Zuständigkeit für die Bauten und Anlagen der jetzt militärisch funktionslos gewordenen Befestigungswerke fiel – zumindest partiell – an den Rat bzw. Magistrat zurück. Die Greifswalder Verteidigungsanlagen wurden jedoch – zunächst – nicht geschleift. Sie behielten ihren Platz im städtischen Gefüge und dienten fortan anderen als militärischen Zwecken.

Die fernere Geschichte der Greifswalder Befestigungsanlagen ist die ihrer anderweitigen Nutzung (wie sich vor allem am Beispiel der Stadttore darstellen lässt, denen in drei Fällen sogar ein „zweites Leben" beschieden war), ihres fortschreitenden Abbruchs und Verfalls, aber auch ihrer Umwandlung in eine begrünte Promenade sowie – schließlich – die der mehr oder minder erfolgreichen Bemühungen, die steinernen Relikte als kulturhistorisch wertvolle Baudenkmale zu erhalten. Fragen der Stadt- und Infrastrukturentwicklung, bereits seit dem ausgehenden 18. Jahrhundert aber auch der Garten- und Landschaftsarchitektur sowie, später, der Denkmalpflege, waren nunmehr maßgeblich.

Lediglich am Ende des Zweiten Weltkriegs sollte der *militärische* Aspekt, freilich auf besonders anachronistische Weise, noch ein einziges Mal Bedeutung gewinnen: Im Rahmen des sog. „Luftschutz-Führerprogramms" wurden an einigen Stellen des – in großen Teilen noch existierenden – Hauptwalls Deckungsgräben bzw. Splitterschutzbunker angelegt. In den letzten Kriegstagen schließlich, im April 1945, ließen im Angesicht der heranrückenden Front die noch in Greifswald verbliebenen Exponenten des in Agonie liegenden NS-Regimes Panzersperren an verschiedenen Punkten der Stadt, so auch am Wall, errichten, um die Rote Armee bis zum deutschen „Endsieg" aufzuhalten. Diese v.a. aus Baumstämmen bestehenden und von Volkssturm und Hitler-Jugend zu verteidigenden Sperren hätten für die sowjetischen Panzer lediglich technische, keinesfalls aber ernsthafte militärische Hindernisse darstellen können. Die kampflose Übergabe der Stadt am 30. April 1945 bereitete dem im Zeitalter strategischer Luftkriegführung gespenstisch anmutenden Treiben ein Ende und rettete Greifswald vor der Zerstörung.

93 | Der am 16. 4. 2008 freigelegte Eingang des Deckungsgrabens am Wall (Nähe Mühlentor)

DIE UMGESTALTUNG DER WALLANLAGEN VOM 18. JAHRHUNDERT BIS ZUR GEGENWART

Die Entstehung von Greifswalds „grünem Gürtel“ (1782–1820)

Am Ausgang des Großen Nordischen Krieges (1700–1720/21) stand das Ende der Vormachtstellung Schwedens im Ostseeraum. Schon da spielte Greifswald als Festungs- und Waffenplatz keine Rolle mehr, denn bereits vor Ausbruch des Krieges befanden sich die Befestigungsanlagen der Stadt in einem schlechten Zustand und waren militärisch veraltet. Auch später wurde eine entschlossene Verteidigung des Ortes durch das schwedische Militär – wie sie noch 1659 oder 1678 erfolgt war – nicht mehr ernsthaft in Erwägung gezogen. Die strategischen Planungen sahen eine solche nicht mehr vor. So verfielen die Defensionswerke Greifswalds weiter und hätten schließlich nur noch mit einem immensen Kostenaufwand modernisiert werden können. Als während des Siebenjährigen Krieges (1756–1763) preußische Truppen kampflos in Greifswald einzogen, hatte die Stadt ihren Festungsstatus längst verloren. Dadurch, dass Greifswald als Festung von Schwedens Monarchie und Generalität aufgegeben wurde und die Stadt nach militärischen Maßstäben nur noch wenig Bedeutung hatte, war der Weg frei für eine zukünftige Um- und Neunutzung der Befestigungsanlagen, die das Gemeinwesen weiterhin hermetisch einschlossen. Von nun an bestimmten weitgehend der Rat und die Bürgerschaft, was mit den mittlerweile veralteten Bastionen, Wällen und Mauern zu geschehen habe, womit die Geschichte der zivilen und friedlichen Nutzung der einstigen Greifswalder Stadtbefestigung begann. Erste zaghafte Ansätze dazu hatte es schon vor 1700 gegeben, als es in Einzelfällen möglich war und stillschweigend geduldet wurde, kurze Abschnitte der Stadtmauer abzureißen bzw. zu überbauen.

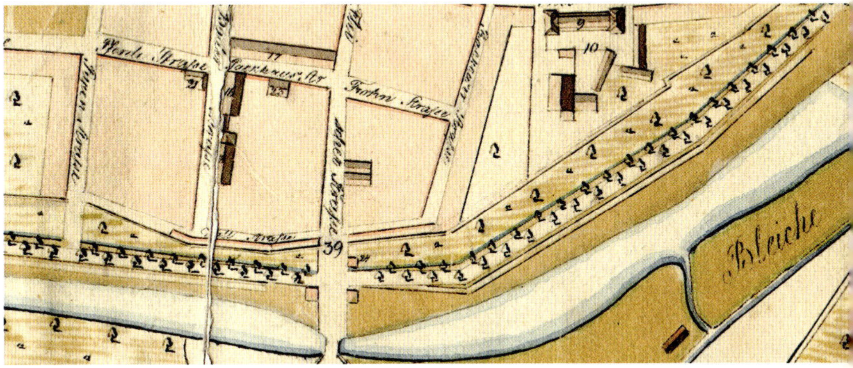

94 | Ausschnitt vom Stadtplan C. W. Woerishoffers, 1826, mit Lindenwall (links), Kastanienwall (rechts) und dem Areal des „Grauen Klosters“

Bereits im Jahre 1769 wurde im Greifswalder Rat über die „Anlegung [von] schattigten Spatziergänge[n] auf hiesigen Wällen" gesprochen. Weiterhin zog die Spitze des Rates in Erwägung, dort „mit einigem Bedacht" Linden anzupflanzen. Doch vergingen noch rund 12 Jahre, ehe die Stadtobrigkeit beschloss, dass diese Idee ab dem Frühjahr 1782 umgesetzt werden sollte. Damit hatte der Greifswalder Magistrat eine höchst zeitgemäße wie auch weitblickende Entscheidung gefällt: Die planvolle Umwandlung des ehemaligen Befestigungsrings zu einer durchgrünten Erholungs- und Begegnungsstätte für die Einwohnerschaft entsprach dem Naturverständnis und Bedürfnis zum „Verweilen und Genießen in freier Luft" (Goethe), wie sie dem Geist der Spätaufklärung und dem Wesen des Sentimentalismus entwachsen waren.

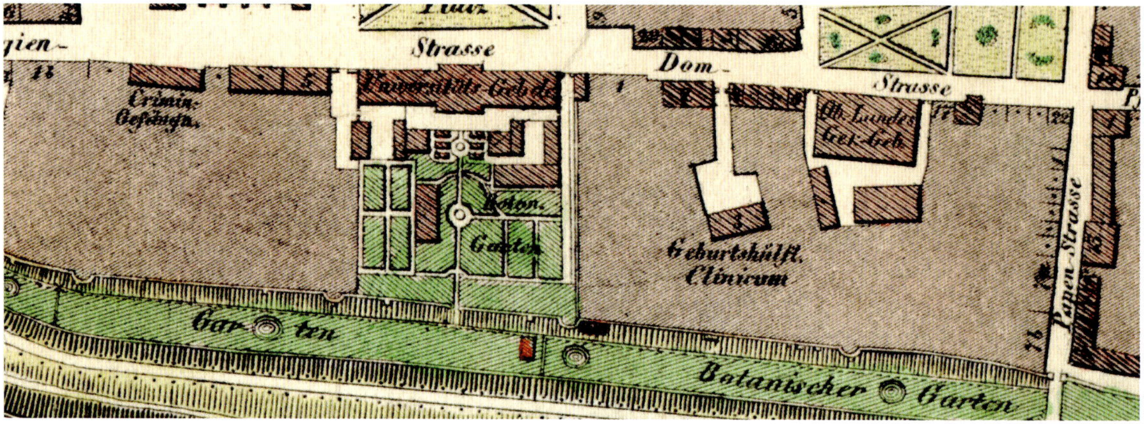

95 | Ausschnitt des Stadtplans Friedrich v. Hagenows mit den Bereichen des Botanischen Gartens am Lindenwall, 1842

Noch im Verlauf der 1780er Jahre wurden große Partien der Greifswalder Wallpromenaden angelegt. Nach dem Abtragen der Wallkronen und der Durchführung weiterer Erdarbeiten entstanden Spazierwege und Ruheplätze. Mit und neben ihnen wurden Baumreihen, Gehölzgruppen sowie Büsche angepflanzt. Erste derart umgestaltete Wallbereiche lagen im Süden und Südwesten zwischen Fleischertor und Vettentor.
Ab 1787 wurden auf dem Abschnitt zwischen Fleischer- und Mühlentor Pappeln gepflanzt. Anschließend erhielt der „Lindenwall" während der Amtszeit des Bürgermeisters Balzer Peter Vahl (1785–1792) seine Erstbepflanzung und wurde u .a. mit drei Baumreihen ausgestattet. So gingen die Entfestigung und das Anlegen des Grüngürtels relativ zügig voran. Davon zeugt auch die Bemerkung Ernst Moritz Arndts in einem Brief, den er am 22. Mai 1791 an seine Mutter schrieb, kurz nachdem er sich an der Universität Greifswald immatrikuliert hatte. In dieser Depesche bemerkte der junge Arndt, „die Greifswalder Promenade ist gewiss die schönste im Lande". Vergleichbare Aktivitäten und Grünanlagen gab es in Arndts Heimat durchaus, denn noch andere Kommunen in Schwedisch-Pommern, wie etwa Barth ab 1786, hatten damit begonnen, ihre Stadtwälle und -gräben auf ähnliche Weise umzugestalten.

Die Einrichtung der Promenaden war ein erster wichtiger Schritt zur Öffnung der Stadt, die als urbanes Gebilde bis dahin noch mittelalterlich geprägt und damit von ihrer Umgebung abgeschlossen war. Doch blieben Stadtmauer, Tore und Bastionen vorläufig weiterhin bestehen und markierten bis weit ins 19. Jahrhundert hinein die Grenzen zur Peripherie mit den rasch wachsenden vorstädtischen Quartieren.
Bei den Bewohnern Greifswalds erfreuten sich die Spazierwege und begrünten Partien auf den Wällen sofort große Beliebtheit und wurden von ihnen zum „Lustwandeln" eifrig genutzt. Manche Bürger ergriffen selbst die Initiative und statteten „ihre" Wallpromenade mit provisorischen Sitzgelegenheiten aus. Bereits 1786 sah sich der Magistrat genötigt, eine Besucherordnung zu erlassen.
Noch 1799 wurde ein Teil des Wall-Grabensystems für ökonomische Zwecke reserviert. Im Bereich des Innengrabens zwischen Vettentor und Papenstraße (heute Martin-Luther-Straße)

richtete die Universität eine Obstbaumschule ein. Dazu hatte die Alma mater schon 1795 einen entsprechenden Pachtvertrag mit der Stadt geschlossen. Da sich diese akademische Gartenbaueinrichtung als wenig effizient erwies, wurde sie 1829 aufgegeben und das Terrain zum Botanischen Garten der Hochschule geschlagen. Dieser befand sich in unmittelbarer Nähe und war bereits 1763 zwischen dem Universitätshauptgebäude und der Stadtmauer angelegt worden. Bis 1893 hatte die Universität den Wallgrund noch in Pacht, dann ging das Gelände an die Kommune zurück.
An der westlichen Stadtgrenze, nördlich des Vettentors, wurde 1815 „zum Nutzen und Vergnügen des hiesigen Publicums" eine „englische Parthie" geschaffen. Die dortigen Erdwerke, darunter die mächtige nordwestliche Eckbastion, hatte man bereits 1811 planiert. An ihrer Stelle entstand ein kleiner, aber anspruchsvoll gestalteter Park nach den Prinzipien der englischen Landschaftsgartenkunst, entworfen vom Stralsunder Kunstgärtner A. Lorgus. In diese erste öffentliche Grünanlage Greifswalds wurde der „Mühlenberg" einbezogen, ein ca. fünf Meter hoher Erdkegel. Schon 1802 mit Linden in Kreisform bepflanzt, diente er nun als Aussichtspunkt. Geldspenden aus der Greifswalder Bevölkerung (rd. 600 Taler) hatten seine Einrichtung möglich gemacht. Seit dem Juni 1833 verfügte die „englische Parthie" über eine weitere Attraktion: In und vor einem dort errichteten hölzernen Pavillon bot die Konditorei Sparagnanpani den Spaziergängern Speisen und Getränke an. Später wurde der Pavillon zu einer Gastwirtschaft ausgebaut. Diese erlangte unter dem wenig schmeichelhaften Namen „Giftbude", den ihm der Volksmund verliehen hatte, einen geradezu legendären Ruf (wobei hier „Gift"- eher vom niederdeutschen Wort *gift = geben* abzuleiten ist).

96 | Die „englische Parthie" der Wallanlagen am Vettentor auf dem Stadtplan Friedrich v. Hagenows, 1842

97 | Pavillon der Konditorei Sparagnanpani (die „Giftbude"), um 1840

Die Befestigungsanlagen im Osten der Stadt zwischen Vangenturm und Mühlentor wurden im Zeitraum von 1814 bis 1818 geschleift. Die Entfestigungsarbeiten gingen hier noch weiter und dehnten sich auf die starken Bollwerke aus, welche im Verlauf des 17. Jahrhunderts vor dem Mühlentor entstanden waren. Um sie und die östlichen Wallabschnitte völlig abzutragen bzw. zu „rasieren", wie es damals auch hieß, mussten enorme Erdmassen bewegt und transportiert werden. Allein 24.000 Wagenfuhren dienten dazu, das Abraumgelände einer alten Lehmgrube an der Wolgaster Straße zu füllen, auf dem der „Allgemeine Begräbnisplatz" angelegt wurde, der heutige „Alte Friedhof". Dessen Einweihung erfolgte am 13. September 1818, womit Greifswald seinen ersten neuzeitlichen Bestattungsort bekam, der nicht mit einer kirchlichen Einrichtung verbunden war. Das planierte Terrain am östlichen Stadtrand mit der Bezeichnung „Schießwall" oder „Schützenwall" erhielt hingegen drei Reihen Linden. Das so begrünte, großflächige Areal wurde zum Festgelände der Stadt, auf dem nun allerlei öffentliche Lustbarkeiten wie etwa Konzerte und Schützenfeste stattfanden. An der nahe gelegenen Schützenstraße öffnete später ein Konzerthaus seine Pforten, das auch einen eigenen Garten hatte. Da sich die Linden des Schießwalls prächtig entwickelten, wurde die mittlere Baumreihe nach einigen Jahrzehnten aufgegeben. Die noch jungen, aber schon hochstämmigen Linden verpflanzte man auf das Gelände des aufgelassenen St. Marien-Kirchhofes, wo sie erst 1990 wegen „Überalterung" gefällt werden mussten.
Indem der stattliche 1670 Meter messende Wall- und Grabenring zu einer durchgrünten Zone umgewandelt wurde, ist zwischen etwa 1780 und 1820 in Greifswald ein beachtliches Projekt urbaner Entwicklung etappenweise verwirklicht worden. Damit nicht genug, wurden auch noch die meisten Bastionen und Vorwerke beseitigt sowie der Friedhof an der Wolgaster Straße angelegt. Allein wenn man bedenkt, dass die dabei abgetragenen oder aufgeschütteten und verteilten mehr als 100.000 Kubikmeter Erde per Handarbeit, mit Hacke und Schaufel, bewegt und dann mit Körben, Schubkarren und Pferdegespannen transportiert werden mussten, so ist dies eine große Leistung. Vollbracht wurde sie vor allem von einem Teil der Einwohnerschaft Greifswalds, der hier aktiv Hand anlegte. Das Ergebnis ihres gemeinschaftlichen und gemeinnützigen Wirkens erscheint noch respektabler vor dem Hintergrund der schwierigen Verhältnisse, die während der Jahre von etwa 1806 bis um 1825 herrschten. Kriege, zweimalige lange Besatzung durch Truppen Napoleons, politische Umwälzungen und wirtschaftliche Krisen prägten diese Zeit.

Die weitere Gestaltung der Wallanlagen im Kontext urbanen Wachstums (1820–1918)

Bis zu Beginn des 19. Jahrhunderts war aus den Greifswalder Wallanlagen ein mit Grasflächen, Sträuchern und Bäumen begrüntes Areal geworden, das mit seinen Spazierwegen, Ruheplätzen und Aussichtspunkten zum Flanieren und zu erbaulichen Stunden im Freien einlud. Von nun an galt es für die Kommune und ihre Gremien, diesem öffentlichen Raum der Erholung und des Vergnügens eine entsprechende Pflege angedeihen zu lassen, ihn in einem würdigen Zustand zu halten und als „Zierde" der Stadt weiter zu verschönern. Dazu waren von Beginn an auch gärtnerische Arbeiten durchzuführen, da ja die Wallbepflanzungen keine „statischen Komponenten" darstellen, sondern in dem natürlichen Zyklus des Werdens, Wachsens und Vergehens einbezogen sind. So wurden schon bald Neu- und Ersatzpflanzungen vorgenommen. Dazu traten dann, neben der Gartenschere und dem Okuliermesser, auch Säge und Axt in Aktion. So wurde z.B. 1815 ein Teil der Promenade wegen Fällarbeiten gesperrt. 1819 und 1827 veranlasste der Rat die Niederlegung der schnell emporgewachsenen Pappeln im südöstlichen Abschnitt zwischen Mühlen- und Fleischertor, um an ihrer Stelle rot- und weißblühende Kastanien in zwei Reihen anpflanzen zu lassen. Damit entstand der „Kastanienwall".

Wesentliche Veränderungen an der begrünten Wallpromenade erfolgten seit etwa Mitte der 1860er Jahre. Diese sind im Zusammenhang mit dem demographischen, ökonomischen und räumlichen Wachstum des Gemeinwesens zu sehen und waren Ergebnis der Entwicklung Greifswalds zu einer Mittelstadt nach neuzeitlichen Maßstäben. Die Ausdehnung der Kommune brachte es mit sich, dass – wie auch anderenorts – aus den locker bebauten und wenig bevölkerten Ansiedlungen in ihrem Weichbild im Verlauf der 2. Hälfte des 19. Jahrhunderts wirkliche Vor-Städte mit dichten Bebauungsstrukturen wurden. In Greifswald sind dies die Vetten-, die Steinbecker- (bzw. Stralsunder-), die Mühlen- und die Fleischer-Vorstadt, welche sich um die nunmehrige Alt- oder Innenstadt legten. Mit der dichteren Besiedlung und dem Anlegen weiterer Verkehrswege in den Vorstadtzonen wurde bisher noch freies Terrain im Vorfeld des einstigen Kranzes der Bastionen bebaut und neu reguliert. Dies trifft besonders für die Bereiche in der Vetten- und Fleischervorstadt zu, also westlich und südlich der Altstadt. Dort entstanden auch mehrere öffentliche Bauten, wie etwa der Bahnhof (1863) oder die katholische Kirche (1869–1871). Zudem mussten neue Verbindungen zwischen den sich rasch entwickelnden Vorstädten, der Altstadt und dem Umland geschaffen werden, und die alten waren auf einen modernen Stand zu bringen. Letzteres geschah zwischen 1868 und 1873 u.a. durch den Abriss dreier der vier Landtore und mit der Beseitigung aller Wach- und Zollhäuser sowie Schlagbäume an den Toren. Außerdem wurden die Brücken vor diesen vier Hauptzugängen, die den äußeren „nassen" Stadtgraben und im Norden, vor dem Steinbeckertor, den Ryck überspannten, erneuert und verbreitert. Zwei neue Straßenzüge sollten hingegen dazu dienen, die Altstadt und Fleischervorstadt noch besser miteinander zu verbinden. Diese beiden Nebenstraßen, die Rubenowstraße und die Verlängerung der Martin-Luther-Straße, früher Papenstraße, führen von Norden nach Süden durch die Stadtmauer, die Wallanlage und über den Stadtgraben. Dabei gab es schon seit dem frühen 19. Jahrhundert eine breite Pforte, die den Zugang von der Papenstraße auf die Wallpromenade ermöglichte. Historiker vermuteten, dass die Stadtmauer dort schon im Mittelalter eine Öffnung hatte (Engels- bzw. Englische Pforte genannt). Daran anknüpfend, erfolgten 1887 der Durchstich des Lindenwalls und die Errichtung einer massiven, „befahrbaren" Brücke über den äußeren Wallgraben als Abschnitt vom neuen Südteil der Papenstraße, die in die Bahnhofstraße und somit in die Fleischervorstadt mündete. Für diesen Straßenausbau mussten sieben hochstämmige Linden geopfert werden. Die zweite Straße, mit der eine Verbindung zwischen Altstadt und Fleischervorstadt hergestellt wurde, erhielt den Namen des Greifswalder Bürgermeisters und Universitätsgründers Heinrich Rubenow. In den 1870er Jahren entstanden, durchbricht sie gleichfalls den Lindenwall und verläuft über den Aussengraben, der hier seit 1878 von einer steinernen Brücke („Rubenow-Brücke") überspannt wird. Da der Wall an der Stelle, wo

98 | Im Botanischen Garten: Die Mauerpforte zwischen Universitätshof und innerem Wallgraben, Lithographie von Ludwig Eduard Lütke, ca. 1840

99 | *Entwurf von Friedrich Haas zur Wall-Brücke über die Rubenowstraße, 1877*

100 | *Rubenowbrücke mit Dom, 1956*

er von der Rubenowstraße „durchschnitten" wird, recht hoch ist und eine Unterbrechung der Wallpromenade nicht gewünscht war, wurde auch die Durchbruchstelle überbrückt. Dies geschah durch eine Eisen-Stein-Brücke mit hölzernem Bohlenbelag, die 1877 nach einem Entwurf des Stadtbaumeisters Friedrich Haas errichtet wurde. Die rund vier Meter hohe Brückenkonstruktion mit einer lichten Weite von 11,20 Meter war in drei Felder unterteilt und stand auf schlanken, gusseisernen Säulen. 1979 musste diese Brücke abgerissen werden. Ihre Aufgaben übernahmen nacheinander zwei neue Brücken, welche im Zeitabstand von nur rund 20 Jahren erbaut wurden. Infolge weiterer Durchbrüche und des Niederlegens großer Abschnitte der Stadtmauer, etwa auf Höhe des Hafens, wurde der einstige Befestigungsring um Greifswalds Innenstadt immer durchlässiger. Zwei der „Breschen", die mit friedlicher Absicht in das historische Backsteinmauerwerk geschlagen wurden, dienten auch dazu, die Wegführung für die Benutzer der Wallpromenade noch zu optimieren. 1866 durchbrach man auf Höhe der Baderstraße die Stadtmauer, wodurch ein weiterer direkter Zugang zum Lindenwall entstand. Zwecks besserer Anbindung der Innenstadt zur Promenade im westlichen Wall-Graben-Bereich wurde 1893 ein Mauerdurchgang in Fortsetzung der Dom- und Hirtenstraße geschaffen. Dazu riss man sogar zwei Häuser in der Hirtenstraße ab. Weiterhin erhielt der Grabengrund an dieser neuen Passage eine gärtnerische Gestaltung.

Wie bereits erwähnt, wurden in der 2. Hälfte des 19. Jahrhunderts auf dem breiten Geländestreifen vor den Wällen und Außengräben, aber auch im Bereich der aufgegebenen und partiell geschleiften Befestigungswerke, eine Reihe öffentlicher Gebäude errichtet. Bis heute prägen sie wegen ihres repräsentativen Äußeren und ihrer stattlichen Dimension das Stadtbild Greifswalds entlang des „grünen Gürtels". Darunter sind auch Bauten der Universität, die an der nord- und südwestlichen Altstadtperipherie und somit nahe der Stadtmauer errichtet wurden. Zu ihnen gehört das Gebäude der ehemaligen Augenklinik, dessen südliche, zum Lindenwall gerichtete Längsfront sich dort erhebt, wo bis 1885 die Stadtmauer verlief. Im Nordwesten der Altstadt, auf dem Gelände des 1535 aufgehobenen Dominikanerklosters („Schwarzes Kloster"), entstand ab 1853 der medizinisch-naturwissenschaftliche Komplex der Hochschule, dessen größtes Bauwerk die 1900–1903 errichtete Chirurgische Klinik ist. Auch für den Klinikbau musste eine größere Stadtmauerpartie weichen. Damit verschwanden zwischen den nördlichen Enden von Kapaunen- und Steinbeckerstraße alle oberirdischen Rudimente der Stadtbefestigung.
Der Errichtung einiger Gebäude in der Wallzone folgten kleine solitäre Grünanlagen. Dies war beim Bau der höheren Töchterschule am Lindenwall der Fall, die seit 1897 Kaiserin-Auguste-Victoria-Lyzeum hieß. 1872 war das Gebäude fertiggestellt, 1896–1897 wurde es nochmals erweitert, zuletzt hatte die August-Bebel-Schule dort ihr Domizil. Der Wallabschnitt vor der Mädchenschule erhielt eine platzartige Form und wurde schließlich mit einer Schmuckbepflanzung versehen. Im Gefolge dieser Umgestaltung entfernte man zwei der ursprünglich drei Reihen Linden im Wallbereich zwischen Papen- (Luther-) und Fleischerstaße. Lediglich die Baumreihe an der Südkante des Walls sollte weiterhin stehen bleiben.

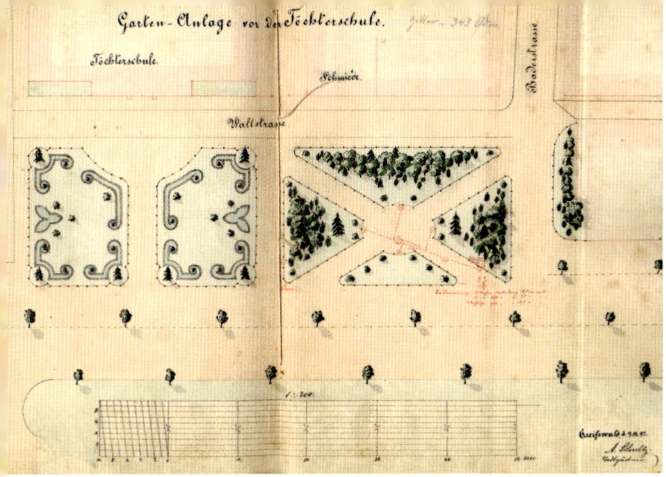

101 | Plan des Stadtgärtners A. Schultz für den Platz vor dem Lyzeum, 1892

102 | Die Lindenwall-Partie am Lyzeum mit Schmuckplatz und Denkmal Kaiser Friedrichs III., um 1900

Für die Gestaltung des Platzes vor der höheren Töchterschule (Lyzeum) schuf der bedeutende Potsdamer Gartendirektor und Hofgärtner Ferdinand Jühlke (1815–1893) einen Entwurf, der aber nicht zur Umsetzung gelangte. Ausgeführt wurde die Platzbepflanzung 1893 vom Greifswalder Stadtgärtner August Schultz, der sie auch geplant hatte. Kurz darauf, nämlich 1895, kam es zur Errichtung eines Denkmals für Kaiser Friedrich III. auf dem Lyzeums-Platz, einer Kolossalbüste mit hohem Postament. Schließlich wurde 1896–1897 noch das Schulgebäude vergrößert. Daraufhin schlug Schultz eine teilweise Neugestaltung des nunmehrigen „Friedrichsplatzes" vor. Dieses Projekt wurde dann auch realisiert. Die so entstandene Grünanlage auf einem Südabschnitt der Wallpromenade bzw. des Lindenwalls besaß Blumenbeete mit geometrischen Umrissen, geschnittene Buschgruppen, Hecken und einige Solitärbäume (Nadelgehölze). Eingefasst und geschützt wurden die Bepflanzungen, genauso wie das Kaiser-Friedrich-Denkmal, durch kunstvoll geformte Eisengitter, welche die Greifswalder Eisengießerei Albonico angefertigt hatte. Damit trug diese Anlage den Charakter eines für die städtische Gartenkultur des späten 19. Jahrhunderts typischen „Schmuckplatzes", dessen Funktion mit der Aufstellung der Kaiserbüste noch um die des „Denkmalplatzes" erweitert wurde, wodurch er selbstverständlich auch an öffentlicher Bedeutsamkeit gewann. Diese verlor der Platz wieder mit Entfernung des Denkmals während des Zweiten Weltkrieges (1942), aber mehr noch durch die Tilgung seines „schmückenden" Grüns in den nachfolgenden Jahrzehnten. Erst dank der 1998 erfolgten Neubepflanzung bietet der August-Bebel-Platz, wie er seit 1946 heißt, heute wieder ein schmuckvolles Bild.

Gleichfalls in den Wallbereich regelrecht „hineingestellt" wurde 1881–1882 ein für die Betreibung eines Sol- und Moorbades geschaffenes Gebäude. Das stattliche Kurhaus in Neorenaissance-Formen französischer Abkunft erhielt seinen Platz im westlichen Wallabschnitt, unweit vom Standort des 1868 abgerissenen Vettentores und auf einem Teil der „englischen" Gartenpartie. Träger dieses Unternehmens war eine von der Kommune unterstützte Aktiengesellschaft, welche hier, auch unter Nutzung der Salzsolen bei Greifswald, einen möglichst lukrativen Kurbetrieb errichten wollte. Das dazu gewählte

103 | Das Sol- und Moorbad am westlichen Abschnitt der Wallpromenade, frühes 20. Jh.

Grundstück entsprach durchaus den Anforderungen, lag es doch inmitten eines Parkgeländes und an einer Promenade mit schon ausgewachsenem Baumbestand. Hinzu kam ein kleiner Konzert- und Restaurantgarten, der vor dem Kurhaus angelegt wurde. Dessen Inventar umfasste einen Musikpavillon, Volieren, ein Terrarium und einen Eichhörnchenbauer(!).
Nach Aufgabe des kommerziell nicht sehr erfolgreichen Kurbetriebes diente das Gebäude verschiedenen Funktionen, u.a. war es während der DDR-Zeit und bis zur politischen „Wende" 1989/90 das „Klubhaus der Eisenbahner". In den 1996/97 aufwändig sanierten und mit einem Erweiterungstrakt versehenen Bau zogen dann das Finanzgericht des Landes Mecklenburg-Vorpommern und das Amtsgericht Greifswald ein. Auch die Geländebereiche um das Gelände wurden neu gestaltet unter möglichster Schonung und Einbeziehung der vegetabilen Restbestände der historischen Parkpartie sowie des einstigen Konzert- und Gaststättengartens.

Zur Ausgestaltung und Vergrößerung des „Grünen Gürtels" wurden im letzten Drittel des 19. Jahrhunderts noch weitere Vorhaben realisiert oder zumindestens geplant und auf den Weg gebracht. Im Bereich der eingeebneten südwestlichen Bastion des äußeren Verteidigungssringes wurde 1867 eine Denkmal-Stele zu Ehren des Bürgermeisters Carl Päpke (auch Paepke) errichtet. Das nunmehr Päpke-Platz genannte Terrain im Vorfeld des Lindenwalls bekam zudem eine Bepflanzung, mit der es zum „Schmuckplatz" avancierte. Dieser korrespondierte mit der kleinen Grünanlage, die fast zeitgleich auf dem nahen Vorplatz des Bahnhofsgebäudes entstand, nachdem die Kommune 1863 den eminent wichtigen Eisenbahnanschluss erhalten hatte, für dessen Verwirklichung auch das öffentlich geehrte Stadtoberhaupt Päpke vehement eingetreten war. Ausserdem wurde eine Fußgängerverbindung zwischen Bahnhof, Päpke-Platz und den Wallpromenaden etwa in Höhe ihrer „Südwestkurve" hergestellt. Dazu musste gleichfalls eine Brücke gebaut werden, welche das Überschreiten des wasserführenden äußeren Wallgrabens ermöglichte („Päpke-Brücke"). Rund 150 Jahre später ist das Grün auf dem Bahnhofsvorplatz, mit Ausnahme weniger alter Linden, verschwunden. Auch von der parkartigen Bepflanzung des früheren Päpke-Platzes (ab 1982 Busbahnhof) ist nicht mehr allzu viel vorhanden, seitdem die Bäume, Sträucher und Blumenbeete verkehrstechnischen Neuerungen weichen mussten.

Mit einer artenreichen Vegetation wurde der östliche Teil des inneren Grabens zwischen Stadtmauer und Kastanienwall ausgestaltet. Dort entstand von etwa 1877 bis 1885 ein dendrologischer Lehrpfad mit seltenen Gehölzen, darunter amerikanische Roteichen sowie Flügelnuss-, Spitz- und Bergahornbäume. Die Idee dazu kam von Prof. Julius Münter (1815–1885), einem hervorragenden Botaniker und Zoologen an der Greifswalder Universität. Nach seinen Vorgaben wurden die pädagogisch motivierten Anpflanzungen auch ausgeführt. Daran erinnern bis heute der Name „Müntergrund", den dieser Bereich des Wallgrabens trägt, und ein für ihn aufgestellter schlichter Gedenkstein, der seinen Platz dort seit 1886 hat. Konzepte und Methoden einer komplexen, z.T. wissenschaftlich fundierten Stadtplanung und -entwicklung, mit denen auf die Entstehung und das stürmische Wachstum urbaner Ballungsräume reagiert wurde, bestimmten seit dem späten 19. Jahrhundert auch die Leitbilder und Normen zur weiteren Ausgestaltung von klein- und mittelstädtischen Gemeinwesen. Damit hatte sich auch die Auffassung durchgesetzt, dass öffentliche Grünanlagen unentbehrlicher Bestandteil eines modernen „Stadtorganismus'" sind, weil sie wichtigen Zwecken dienen. Diese Zwecke fielen immer differenzierter aus, in Analogie zur

104 | Der „Müntergrund", Foto, um 1900

sozialen und demographischen Zusammensetzung der Einwohnerschaft und mit Rücksicht auf die spezifischen Bedürfnisse der einzelnen Bevölkerungsschichten. Belange der Sozialhygiene rangierten dabei weiterhin an erster Stelle, indem z.B. begrünte Freiräume als gesundheitsfördernde Garanten für eine notwendige „Luftzirkulation" betrachtet wurden. Die „traditionellen" Funktionen städtischer Parks und Promenaden ergaben sich vorrangig aus dem Bedürfnis nach „stiller" Erholung, indem sie dem Vergnügen des Spazierengehens, anregenden Verweilens und der feiertäglichen Geselligkeit im Freien dienten. Später dann, d.h. um 1900, wurde es selbstverständlich, dass die kommunale Gartenplanung und -gestaltung auch Aspekte der „aktiven" Erholung mit berücksichtigte. Diese waren wiederum Ausdruck einer sich herausbildenden Massen- und Freizeitkultur, in welcher auch die Bedeutung des Sports ständig zunahm. Weiterhin entstanden spezielle Betätigungs- und Entfaltungsräume für Kinder und Jugendliche. Wegen ihrer gärtnerischen Gestaltung oder Einbeziehung in Parkareale gehörten sie gleichfalls zum „Stadtgrün". Für viele Fachleute und engagierte Laien rückten die sozialen Komponenten einer Parkgestaltung in den Vordergrund und wurden als ebenso wichtig erachtet wie die ästhetische Wirkung von Parks, mit der sie zur „Verschönerung" bzw. „Zierde" einer Stadt beitrugen. Somit erweiterte sich das Spektrum der städtischen Grünanlagen beträchtlich. Viele Stadtparks bekamen neben ihren schmuckvollen Blumenbeeten, gepflegten Rasen-Parterres und dem obligatorischen „Schwanenteich" nun auch Liegewiesen für Luft- und Sonnenbäder, Kinderspielwiesen sowie Renn-, Ski- und Rodelbahnen. Es wurden Sport- und Spielplätze angelegt sowie Gewässer für Bootsfahrten, zum Planschen und Baden. Zum Ideal einer modernen städtischen Grünanlage wurde der „große Volkspark", der alle hygienischen, sozialen, ästhetischen, kulturellen und pädagogischen Funktionen zu erfüllen vermochte und den Bedürfnissen der Gesamtbevölkerung nach „passiver" wie „aktiver" Erholung und Freizeitgestaltung im Grünen gerecht werden konnte.

Diese hier nur kurz skizzierten bzw. angedeuteten wesentlichen Entwicklungstendenzen und Aspekte der Geschichte urbaner Park- und Grünflächengestaltung lassen sich auch in Greifswald nachvollziehen. Besonders interessant und ergiebig sind dabei die Jahre zwischen etwa 1885 und 1914. In diesem

Zeitraum wurden im Bereich der Greifswalder Wallpromenaden mehrere Um- und Neugestaltungen vorgenommen. Ausgehend von den vorhandenen Anpflanzungen entstanden sogar einige neue Parkanlagen. An der nordwestlichen Stadtperipherie wurde auf einem feuchten Wiesengelände (der „Naugangswiese") ab ca. 1884 ein Park eingerichtet, der an die schon 1815 geschaffene „englische Parthie" anschloss und damit auch als deren Erweiterung nach Norden und Nordosten angesehen werden kann. Mit einer Gesamtfläche von rund 1,7 Hektar Fläche fiel dieser erste reguläre Stadtpark Greifswalds nicht allzu groß aus. Seine ursprüngliche Gestaltung war eher konservativ und scheint noch den Prinzipien der Landschaftsparks aus der Zeit um 1800 verpflichtet gewesen zu sein. Als relativ artenreich ist die Erstbepflanzung des kleinen Parks zu bezeichnen, mit exotischen Gehölzen wie z.B. Scheinzypressen, Chinesischen Wacholdern und Koniferen neben Ulmen, Schwarzkiefern, Rotbuchen und Winterlinden. Zur Ausstattung gehörte weiterhin ein „Goldfischteich", der dann auch als „Schlittschuhteich" diente. Eine Besonderheit der Grünanlage bildeten mit Granitfindlingen aufgeschichtete Steinsetzungen, die an prähistorische Grabstätten, sog. „Hünengräber", erinnern sollten. Auch die Idee zur Platzierung dieser schlichten, auf die regionale Ur- und Frühgeschichte verweisenden Monumente könnte vom geistigen Urheber des ersten Greifswalder Stadtparks stammen, dem bedeutenden Geographen Prof. Rudolph Credner (1850–1908). Bekannt wurde der an Greifswalds Hochschule wirkende Wissenschaftler vor allem als Gründer und erster Vorsitzender der Geographischen Gesellschaft. Auf lokaler Ebene erwarb sich Credner gleichfalls Verdienste, indem er als engagierter Bürger in städtischen Gremien aktiv war und sich für die sorgsame Pflege der Wallpromenaden und Schaffung neuer Grünflächen einsetzte. 1912 wurde zu Ehren Credners in dem Park, an dessen Entstehung er hervorragenden Anteil hatte, ein Gedenkstein mit seinem Reliefbildnis aufgestellt. Später wurde für diesen Park auch der Name „Credner-Anlagen" gebräuchlich. Heute, nachdem der Baumbestand in den vergangenen drei Jahrzehnten stark abgenommen hat und die Wegeführung verändert wurde, sind von der Originalgestaltung der Credner-Anlagen nur noch Fragmente zu erkennen.

Mit Schaffung der Credner-Anlagen im Vorfeld der historischen Stadtbefestigung wurde der „grüne Gürtel" um die Altstadt weiter komplettiert und um einen attraktiven Akzent bereichert. Doch selbst nach den bescheidenen Maßstäben, die für eine Kommune wie Greifswald, deren Rang um 1900 noch der einer „kleinen, aufstrebenden Mittelstadt" war, galten, konnte diese kleinflächige Grünanlage kaum den Ansprüchen an einen zeitgemäßen „Stadtpark" genügen. Auch vom Konzept des „Volksparks" hatte man hier nur wenig umgesetzt. In dieser Hinsicht herrschte in Greifswald ein gewisser Nachholbedarf, weshalb der Magistrat 1899 ein weiteres Park-Projekt von größerer Dimension auf den Weg brachte. Direkt westlich der Credner-Anlagen, auf Wiesen- und Ackergelände, entstand bis 1904 ein ausgedehnter Stadtpark mit einer Fläche von rund 3,7 Hektar. Bei dessen Anlage berücksichtigte man das längst schon populär gewordene Verlangen nach aktiver und sportlicher Betätigung im Freien. Das Gewässer in diesem Park wurde als „Schlittschuhteich" ausgewiesen. Nach einem Vorschlag seitens der Universität kamen noch Turn- und Spielplatz hinzu, an deren Einrichtung sich die Hochschule beteiligte. Auch Bildungselemente waren in die Parkgestaltung integriert, dies wiederum auf Initiative von Credner und der Geographischen Gesellschaft. Auf einer künstlichen Insel im Teich errich-

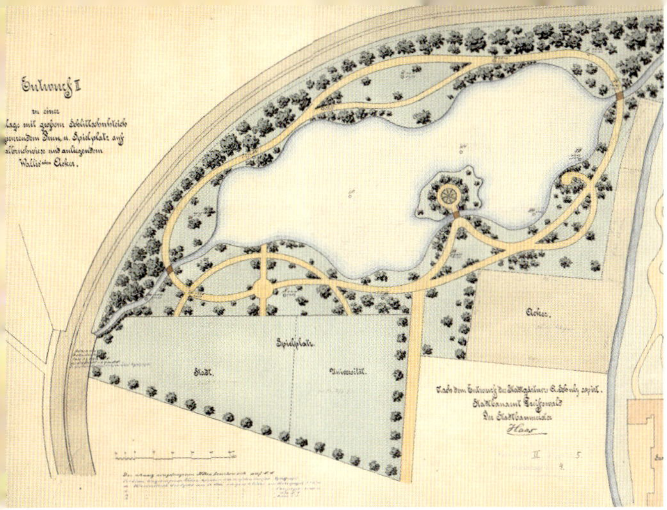

105 | Entwurf für den Stadtpark von A. Schultz und Fr. Haas, nach 1900

106 | Blick in den Stadtpark, um 1910

teten sie ein geologisches Lehr-Objekt aus verschiedenen Gesteinen, denen Informationsschilder und Kartentafeln beigegeben wurden. Die im Sinne ihrer Entstehungszeit sowohl der „aktiven" wie „passiven" Erholung dienende Parkanlage wurde ab 1956 zum Tierpark umgewidmet.

Die Anlage dieses Parks nebst Turn- und Spielplatz kann noch als Erweiterung der alten kommunalen Grünflächen im Wallbereich verstanden werden bzw. als Ausweitung begrünten öffentlichen Raumes von der innerstädtischen Randzone in die Peripherie. Zu Beginn des 20. Jahrhunderts setzte sie einen Schlusspunkt bei der Expansion des Stadtgrüns von „Innen" (= Altstadt mit Wallpromenaden) nach „Außen" (= Vorstadtbereiche). Fortan konnte die Schaffung größerer Grünanlagen aus Mangel an Freiflächen nicht mehr im nächsten Umfeld der Altstadt erfolgen. Letztmalig geschah dies kurz nach 1900, als das Terrain zwischen dem Kastanienwall und der heutigen Goethestraße, welches inoffiziell den Namen „Goethegrund" trägt, begrünt wurde. Parallel zu den Grundzügen der weiteren städtebaulichen Entwicklung Greifswalds lagen die künftigen Schwerpunkte für ambitionierte gärtnerische Projekte in den östlichen und südlichen Vorstadt-Bereichen, besonders in Richtung Osten, zwischen Wolgaster und Anklamer Straße.
Als die Stadt im Verlauf des 20. Jahrhunderts weiter wuchs und sich ins Umland ausdehnte, erhielten auch die neuen bzw. jüngeren Wohnquartiere ihre Parks und begrünten Freiräume. Trotzdem waren und blieben die Wallpromenaden Greifswalds größte und ansehnlichste Grünanlage. Diese wurden im letzten Drittel des 19. Jahrhunderts noch aufwändiger ausgestaltet. Dabei schmückte man vor allem die Wallböschungen und

107 | Ansicht des „Goethegrundes" mit den Häusern „Am Graben" (ab 1945 „Goethestraße"), Foto um 1915

Grabensohlen mit diversen Anpflanzungen. Beliebt waren zu dieser Zeit dekorative Gehölz-, Stauden- und Blumenarrangements, die durch ihre Artenvielfalt auffielen und auch exotische Gewächse einschlossen. Hier kamen wiederum das bürgerliche Bildungsethos, verbunden mit pädagogischen Intentionen, und der Einfluss der Naturwissenschaften, die den Gartenbau und die Gartenkunst im erheblichen Maße prägten, zum Tragen. Die dazumal sehr populären „Schmuckplätze", die farbenfreudigen Blumenrondells und üppigen Teppichbeete erhielten oft eine saisonale Bepflanzung, d.h. sie wurde regelmäßig im Frühjahr und Sommer gewechselt.

Sicherlich herrschte in der Greifswalder Bürgerschaft weitgehende Einigkeit darüber, dass die Wallpromenaden der Stadt hauptsächlich zum Schmuck bzw. zur Zierde gereichen sollten und diese nicht oder nur im beschränkten Umfang für „aktive" Arten der Nutzung geöffnet werden durften. Trotzdem kam man seit Ausgang des 19. Jahrhunderts nicht umhin, einige Wallbereiche für solche Zwecke zu reservieren, da sie eben im Trend lagen. So ist z.B. aus den Magistratsakten zu erfahren, dass in der Stadtverwaltung über die Anlegung eines Kinderspielplatzes auf dem südlichen Abschnitt des Lindenwalls, nahe der Kaiserin-Auguste-Victoria-Schule, beraten wurde. Doch verwarf man diese Idee, und das betreffende Gelände blieb einzig einem während der 1890er Jahre geschaffenen Denkmal- und Schmuckplatz vorbehalten, dem bereits erwähnten Friedrichsplatz mit der Kaiserbüste. „Ein Spielplatz brauche dort nicht angelegt zu werden, die Kinder hätten am Eingang des Müntergrundes ja bereits einen Platz zum Spiele", so lautet die protokollierte Ablehnung. Diese überlieferte Notiz belegt, dass es am Ausgang des 19. Jahrhunderts im Bereich des Kastanienwalls bereits einen Spielplatz gab.

Zu dieser Zeit waren öffentliche Kinderspielplätze längst schon keine Novität mehr. Diese wurden etwa 1877 vom namhaften Gartentheoretiker Hermann Jäger in einem seiner publizierten Texte als Bestandteil kommunaler Grünanlagen ausführlich beschrieben und begründet, wobei er statt der üblichen Kiesplätze „gewisse Rasenflächen in trockener Lage" für das ungezwungene Spielen verlangte. Wie der Kinderspielplatz beim Müntergrund einmal beschaffen war, lässt sich schwer sagen, zumal er schon etliche Jahrzehnte nicht mehr existiert. Am Platz stand wohl eine kleine Halle, die Schutz bei schlechtem Wetter gewährte. Auch Ruhebänke für die „Aufsichtspersonen" fehlten nicht. Später wurde für die Kinder in einem anderen Bereich der Wallanlagen, im südwestlichen Innengrabenabschnitt am Lindenwall, ein Freiraum geschaffen. Bezüglich des planen Terrains vom Schießwall im Osten, wo es keine kunstvollen Anpflanzungen gab, übte man wegen wechselnder bzw. variierender Nutzungen weniger Zurückhaltung. So exerzierte dort zwischen 1886 und 1892 das Militär der Greifswalder Garnison. Im südlichen Bereich des Schießwalls, etwa da, wo 1973–1976 die Mensa der Universität gebaut wurde, standen seit dem späten 19. Jahrhundert Gebäude des akademischen Reitinstituts, das dort mit dem lokalen Reiterverein auch einen Reitplatz unterhielt. Hinzu kamen ein exklusiv von Hochschulangehörigen genutzter Tennisplatz und, weiter nördlich gelegen, der Übungsplatz einer Fahrradschule. So war zu Beginn des 20. Jahrhunderts der Schießwall ein Konzentrationsraum für die sportlichen Aktivitäten von Greifswalder Bürgern und Hochschulangehörigen, die sich hier unter den hochgewachsenen Linden und dichten Baumkronen hoch zu Ross bzw. mit „Drahteseln" oder auf dem Tennisrasen bewegten. Auch im Wallgrabengrund am Lindenwall kam der Magistrat dem gestiegenen Bedürfnis des Publikums nach

108 | Aktivitäten der Fahrradschule auf dem Schießwall, Anfang des 20. Jh.

sportlicher Betätigung entgegen, indem er dort 1902 Tennisplätze nach englischem Muster („Lawn-Tennis-Spielplätze") einrichten ließ. Bereits ab 1893 stand die breite Grabensohle für eine Neunutzung zur Verfügung, nachdem die Universität das durch sie in Pacht genommene Gelände, welches bis 1882 Teil ihres Botanischen Gartens war, nicht mehr benötigte.
Somit erweiterten sich an der Wende vom 19. zum 20. Jahrhundert die Funktionen der Greifswalder Wallanlagen dadurch, dass im begrenzten Umfang Areale für das „aktive" Spiel und den Sport von Kindern und Erwachsenen eingerichtet wurden. Zur gleichen Zeit rückte bei der weiteren Ausgestaltung und Pflege der begrünten Stadtwälle immer stärker die Auffassung in den Vordergrund, dass die „Promenaden", „Alleen" und „Spaziergänge" ein wichtiges kultur- und stadtgeschichtliches Flächendenkmal darstellt, dass sie von historischem Wert und dementsprechend auch sorgsam zu behandeln seien, ja möglichst „konserviert" werden müssten. Ein erster klarer Beleg dafür, dass den Wallanlagen eine geschichtliche Dimension beigemessen wurde, dürfte 1889 der Beschluss des Bürgerschaftlichen Kollegiums sein, „ein Denkmal und sei es noch so bescheiden, für den Schöpfer unserer schönen Alleen, den früheren Bürgermeister Vahl, zu schaffen." Also wollte man durch ein Monument das Greifswalder Stadtoberhaupt würdigen, zu dessen Amtszeit (1785–1792) genau ein Jahrhundert zuvor die ersten Promenaden angelegt und Bepflanzungen vorgenommen wurden. Dieses Vorhaben wurde dann doch nicht ausgeführt. Ihm können aber mehrere andere, tatsächlich realisierte Denkmal-Projekte zur Seite gestellt werden, durch die den Wallanlagen eine weitere Bedeutungsebene verliehen wurde: als Raum permanenter öffentlicher Erinnerung und Ehrung. Die Reihe der innerhalb von Greifswalds „grünem Gürtel" platzierten Monumente beginnt mit dem 1867 gestifteten Denkmal für Bürgermeister Päpke; Sie endet vorläufig mit einer Stele, die dort 1997 zum Gedenken an die Greifswalder Opfer der Internierungslager in der Sowjetischen Besatzungszone aufgestellt wurde.
Sicherlich werden die Promenaden – mit ihren rund hundert Jahren alten Linden, Kastanien und Eichen in Korrespondenz mit den farbenfreudigen und gepflegten Schmuckanpflanzungen sowie botanischen Raritäten – um 1900 einen imposanten Gesamteindruck geboten haben, was auch Besuchern der Stadt sofort angenehm aufgefallen sein dürfte. Darauf setzte man vor allem in der Tourismusbranche, damals „Fremdenverkehr" genannt. Sie stellte schon zu dieser Zeit für die Kommune einen wichtigen Wirtschaftsfaktor dar, in den man viele

109 | Südseite der Promenade vom Lindenwall mit Blick auf die katholische Kirche, um 1880

Hoffnungen setzte. Bei Texten alter Reiseführer wird dies evident, so in dem 1907 in dritter Auflage erschienenen „Führer durch Greifswald und Umgebung". Dieser empfiehlt den Besuchern zuerst einen Gang „um die Stadt" zu unternehmen, d.h. auf dem Wall in seiner gesamten Ausdehnung. Die Beschreibung der Route beginnt mit folgendem Satz: „Wenn wir aus dem Bahnhofsgebäude heraustreten, fällt unser Blick zunächst auf eine mit schönen grünen Bäumen

110 | „Auf den Wällen von Greifswald", Illustration, 1880/81

bepflanzte Anlage, hinter der wir die hohen Lindenbäume des Walles erblicken, dieses schönsten Spazierganges Greifswalds, wie ihn in gleicher Weise nur wenige Städte aufzuweisen haben." Auch wenn hier der bei solchen Veröffentlichungen übliche Tenor des „Preisens" bzw. „Anpreisens" mitklingt, ist die Kernaussage bezüglich des Erscheinungsbildes der Stadt, vom „Image", das sie hatte oder das man ihr geben wollte, prägnant formuliert: Greifswald galt vor über 100 Jahren als ein Gemeinwesen, dessen äußere Attraktivität zu einem wesentlichen Teil auf seinen öffentlichen Grünanlagen beruhte, die eine erstrangige Sehenswürdigkeit darstellten. Vom positiven Eindruck, welche die alte Universitäts- und Hansestadt auf auswärtige Besucher machte, weil sie von Vegetation umrahmt wurde und die Möglichkeit zu angenehmen Spaziergängen bot, berichten einschlägige Werke der Reiseliteratur und historisch-topographische Darstellungen des 19. und frühen 20. Jahrhunderts. Aus der Reihe dieser Publikationen sei hier nur eine treffende Passage zitiert. Sie stammt aus einem 1880/81 veröffentlichten Buch, in dem viel Schmeichelhaftes, aber durchaus auch relativierend Kritisches über Greifswald zu lesen ist. Da heißt es u.a.: „Ja Greifswald verdient die Bezeichnung als hübsche Stadt. Gegen die Landseite zu ziehen sich die alten Wälle mit den schönsten Alleen und freundlichen Anlagen hin. Am Hafen ist es, seit die Stadtmauer niedergelegt wurde und die anstoßende Reihe niedriger Häuser verschwand, geräumig geworden und es treten schon stattliche Neubauten auf." In diesen vom Fortschrittsglauben der Wilhelminischen Gründerzeit geprägten Sätzen sind die primären Tendenzen kommunaler Entwicklung, welche auch für Greifswald bestimmend waren, kurz und bündig genannt. Die Öffnung der Stadt durch das Abtragen der mittelalterlichen, beengenden Befestigung ging einher mit dem Anlegen von Promenaden und Grünflächen und war verbunden mit der Schaffung von „Freiräumen" für eine moderne Infrastruktur und partielle Neubebauung. Durch diese Maßnahmen wollte man auch „mehr Licht und Luft" in die Altstadt bringen, um nach sozialhygienischen Gesichtspunkten die dortigen Lebens- und Wohnverhältnisse zu verbessern, ein Ziel, dass ja ebenso mit der Einrichtung von Parks und bebauungsfreien Grünzonen verfolgt wurde.

Exkurs: Gremien, Akteure und allerlei Gesetze und Verordnungen

Seit im späten 18. Jahrhundert die ersten Erdarbeiten und Anpflanzungen auf den Wällen zur Schaffung der Promenaden erfolgten, hatte die „Begrünung" Greifswald die obersten Instanzen der Kommune beschäftigt. Der Rat bzw. Magistrat mit den Bürgermeistern an der Spitze sowie die Mitglieder des Bürgerschaftlichen Kollegiums (vergleichbar mit den späteren Stadtverordnetenversammlungen) berieten, planten und entschieden in dieser Angelegenheit. Sie waren auch diejenigen, welche bezüglich der konkreten Ausführung der gärtnerischen Anlagen und in Fragen ihrer Unterhaltung und Pflege das letzte Wort hatten. Unter den Vertretern der Stadtregierung gab es nicht wenige, die sich als Befürworter und Förderer der Ausdehnung und ambitionierten Ausgestaltung von öffentlichen Grünzonen im 19. und frühen 20. Jahrhundert besonders hervortaten. Stellvertretend für sie sei hier nur an die Bürgermeister erinnert, deren Regierung sich mit dem Einrichten der Wallpromenaden, Parks und Schmuckplätze verbindet. Dies sind der schon mehrfach genannte Balzer Peter Vahl, unter dessen Ägide die begrünten Spaziergänge auf den Wällen konkrete Gestalt annahmen, sowie Hugo Helfritz (Amtszeit 1878–1896) und Richard Sigmund Schultze (1896–1905). Unter den beiden letztgenannten Stadtoberhäuptern wurden z.B. die Credner-Anlagen, der Stadtpark und der Friedrichsplatz auf dem Lindenwall angelegt. Dabei sind diese Aktivitäten im Zusammenhang mit dem Entwicklungsschub zu sehen, den Greifswald während der wirtschaftlich prosperierenden Zeit des Wilhelminischen Kaiserreiches erhielt. Im Zuge dieser dynamischen Wachstumsphase konnte und musste eine umfassende Modernisierung und Verbesserung der städtischen Infrastruktur erfolgen. Und ebenso wie der Bau einer neuen Wasserleitung, die Errichtung eines Elektrizitätswerkes, eines Schlachthofes und einer großen Turnhalle gehörte die Schaffung neuer Grünflächen zum Programm einer forcierten Stadtentwicklung und -modernisierung, die besonders von den Oberbürgermeistern Helfritz und Schultze vorangetrieben wurde.

Eine vorsichtige Reformierung der konservativen Stadtverfassung führte 1864 dazu, dass von nun an permanente bzw. temporäre Verwaltungsausschüsse bestanden, die für bestimmte Aufgaben oder Ressorts zuständig waren. Personell setzten sich diese Deputationen vorrangig aus Mitgliedern des Bürgerschaftlichen Kollegiums zusammen, an ihrer Spitze stand zumeist ein Angehöriger des Magistrats. Auch für die Belange der Grünplanung und -pflege gab es solch ein Gremium, dies war die „Promenaden- und Friedhofsdeputation". Ihr tatkräftig zur Seite trat seit 1875 der Greifswalder „Verschönerungsverein". Sein Name ist wörtlich zu nehmen, denn die Mitglieder hatten sich zum Ziel gesetzt, ihre Heimatstadt noch attraktiver zu machen, wozu die Schmückung von Freiräumen mit stattlichen Baumgruppen, farbenfrohen Blumenrabatten und gepflegten Rasenflächen ein probates Mittel war. Die Promenaden-Deputation und der Verschönerungsverein waren die wichtigsten Akteure bei den Bemühungen um das Erscheinungsbild Greifswalds als einer durch Grünflächen geprägten Stadt. Seit Beginn des 20. Jahrhunderts war es dann der lokale „Verkehrsverein", welcher gleichfalls in dieser Richtung wirkte, indem er Einfluss auf die kommunale Freiraumplanung und -entwicklung nahm. Der Verein betrachtete das Vorhandensein einladender Parks und freundlicher Anpflanzungen als werbewirksame Faktoren, die dem Fremdenverkehr förderlich sind.

Eine bedeutende Rolle bei der Gestaltung des städtischen Grüns in Greifswald spielten einige Gelehrte der Universität, die dabei ihr fachliches Wissen und Können mit bürgerschaftlichem Engagement verbanden. Sie und ihre Beiträge wurden bereits erwähnt und gewürdigt. Zum einen ist es der Naturwissenschaftler Julius Münter. Der große Botaniker war eines der tatkräftigen und richtungweisenden Mitglieder des Greifswalder Verschönerungsvereins und jahrelang im Bürgerschaftlichen Kollegium aktiv. Zum anderen handelt es sich um den Geographen und Geologen Rudolf Credner, der ebenso wie Münter Mitglied des Bürgerschaftlichen Kollegiums war und lange an der Spitze des Verschönerungsvereins stand. Bleibende Verdienste erwarb sich Credner als Vorsitzender der Geographischen Gesellschaft, die von ihm 1885 ins Leben gerufen wurde und unter seiner Leitung auch an der Ausgestaltung der Greifswalder Parks beteiligt war. Weiterhin muss in diesem Zusammenhang an den hervorragenden Mediziner Friedrich Loeffler (1852–1915) erinnert werden. Als Kapazität auf den Gebieten der Hygiene und Bakteriologie hat sich Loeffler, da auch er dem Greifswalder Bürgerschaftlichen Kollegium angehörte, vor allem um die Verbesserung der sanitären und hygienischen Verhältnisse in Greifswald bemüht.

111 | Friedrich Loeffler (1852–1915)

Dabei beschäftigten ihn auch Angelegenheiten, die mit den kommunalen Grünanlagen zu tun hatten, welche er vom Standpunkt des Hygienikers als für die Gesundheit eines Stadtorganismus dringend erforderlich erachtete. Loeffler hatte im Zusammenhang mit seinem Einsatz für eine moderne Wasserleitung und Kanalisation auch dafür plädiert, den nassen Stadtgraben vor Greifswalds begrünten Wällen zu verrohren, weil dieser, wenn bestimmte Witterungsbedingungen herrschten, „zum Himmel stank" und als möglicher Krankheitsherd betrachtet wurde. Doch sollte es erst in den 1980er Jahren zu einer teilweisen „Kanalisierung" des Grabens kommen.

Die eigentlichen Hauptakteure, deren Arbeit das Anlegen, Pflegen und „Verjüngen" der Bepflanzungen war, sind natürlich professionelle Gärtner gewesen. Der erste uns namentlich bekannte Fachmann auf diesem Gebiet, welcher für die Greifswalder Bürgerschaft im Bereich der alten Stadtbefestigung tätig wurde, ist der Stralsunder Kunst- und Handelsgärtner A. Lorgus. Dieser ist bereits genannt worden als Schöpfer der 1815 angelegten „englischen Partie" nördlich des Vettentors. Ab 1874 hatte die Hansestadt dann einen fest angestellten Gärtner. Erster Greifswalder Stadtgärtner war bis 1891 Wilhelm Schepler (1831–1904), der jedoch nur wenig geleistet hat. Weitaus agiler und erfolgreicher als er war sein Nachfolger in diesem Amt, der schon mehrfach erwähnte August Schultz (geb. 1853). Dieser hat, als er von 1891 bis 1920 Greifswalder Stadtgärtner war, auch selbst Parkpartien und Schmuckplätze geplant sowie mit Umsicht und Geschick an den Erweiterungen und Neugestaltungen des kommunalen Grüns gearbeitet. Dabei kooperierte Schultz eng und im wechselseitigen Einverständnis mit den Gremien und Fachkräften, die für sein Ressort maßgebend waren, etwa dem „Verschönerungsverein" oder dem Stadtbaumeister. 1906 wurde Schultz der Titel eines Garteninspektors verliehen.

Die Betrachtung bis zur jüngsten Vergangenheit ausdehnend, sollen an dieser Stelle bereits die Namen von weiteren kommunalen Angestellten und Beamten folgen, zu deren speziellen Arbeits- und Verantwortungsbereichen die Grünpartien der Wallanlagen gehörten. In den 1920er und 30er Jahren waren dies als Gartenbauinspektoren vor allem Heinrich Grapentin (1920–1933 / 1943–1948), Hans Doebel (1935–1945) und Heinrich Heidemanns (1935–1943, 1942 zum „Stadtgartendirektor" ernannt). Die Reihe der Greifswalder Stadtgärtner setzt sich fort mit Erich Cordts (1946–1949), Erich Hildebrand (1949–1954), dem Gartenmeister Rudolf Puls (1946/1952–1981) und Gartenbauingenieur Jürgen Leupold (1981–1990). Letztere führten in DDR-Zeiten bereits einen städtischen volkseigenen Betrieb, den VEB „Gartengestaltung und Friedhofwesen". Dessen institutioneller Vorgänger war das „Gartenamt der Stadt Greifswald", so lautete seit 1937 die offizielle Bezeichnung für diese Behörde. Nach der politischen Wende von 1989/90 wurde ein neues Grünflächenamt für die Hansestadt gegründet. Sein Leiter war bis 2003 der Dipl.-Gärtner Hans-Georg Wenghöfer (geb. 1938).

Spätestens nachdem das Einrichten und Unterhalten öffentlicher Grünanlagen integraler Bestandteil einer komplexen Stadtplanung und Kommunalpolitik geworden war, hatten sich damit auch Vertreter anderer Institutionen auseinanderzusetzen. Dies betraf vor allem die Beschäftigten der Verkehrs- und Stadtbauämter. So gehörte es zu den Aufgaben der kommunalen Baubeamten, die für Parks und Grünzonen vorgesehenen bzw. notwendigen Tief- und Hochbauarbeiten zu planen und zu leiten. In Greifswald war das nicht anders, wo z.B. die Stadtbaumeister sämtliche Wegführungen, Brücken und Kleinarchitekturen für die Wallpromenaden und Parks entwarfen und ausführten. Dabei ist vor allem auf das Wirken der Greifswalder Stadtbaumeister Friedrich Haas (1843–1927) und Gustav Bastel (1878–1956) zu verweisen. Zu deren Amtszeiten (1874–1919 bzw. 1919–1945) entstanden die Parks und Plätze und wurden die Wallanlagen aus- und umgestaltet. Beide, Haas und Bastel, haben daran in führender Position mitgearbeitet, und ihre Beiträge sind nicht geringer einzuschätzen als die der Stadtgärtner Schultz, Doebel und Heidemanns.

Es kam auch vor, dass die Kommune bei Fragen und Projekten zur Stadtplanung und -gestaltung auswärtige Fachleute konsultierte, damit diese z.B. mögliche Lösungsvorschläge unterbreiteten oder Gutachten anfertigten. Dadurch tauchen in der Geschichte der öffentlichen Grünanlagen Greifswalds auch die Namen einiger hervorragender Gartenarchitekten auf. Zu diesen gehört Ferdinand Jühlke (1815–1893), der in Barth geboren wurde. Dessen erfolgreiche Laufbahn begann in Greifswald mit einer Ausbildung an der Gärtnerlehranstalt, die dem Botanischen Garten der hiesigen Hochschule angeschlossen war. Ab 1835 lehrte dann Jühlke selbst Gartenbau an der Landwirtschaftsakademie Eldena bei Greifswald. Ein Höhepunkt in Jühlkes langem Berufsleben war 1866 seine Ernennung zum Gartendirektor und Hofgärtner in Potsdam, als Nachfolger des berühmten Peter Joseph Lenné (Von Lenné stammt übrigens der Plan für die erste Gestaltung des Rubenow-Platzes in Greifswald, mit dem 1856 eingeweihten Universitäts-Denkmal, was aber nicht auf eine Initiative der Kommune zurückzuführen ist). Als der weithin bekannte und hochdekorierte Jühlke 1888 in Greifswald weilte, nutzte man die Chance und bat ihn um einen Entwurf für den Schmuckplatz auf dem Lindenwall in Höhe des Lyzeums. Jühlke folgte der Bitte, sein Plan kam dann aber doch nicht zur Ausführung. Immerhin diente er Stadtgärtner Schultz und Stadtbaumeister Haas als Grundlage für ihre weiteren Überlegungen zur Anlage dieses Platzes, des späteren „Friedrichsplatzes".

Weitaus intensiver als Jühlke mit seinem „Gelegenheitsplan" sollte sich seit Beginn des 20. Jahrhunderts ein anderer namhafter Gartenfachmann mit den Anlagen, Plätzen und Parks in Greifswald beschäftigten, nämlich Georg Hannig (1872–1934), der bekannte Stettiner Friedhofsdirektor. Der Greifswalder Magistrat hatte den vielseitigen Gartenarchitekten

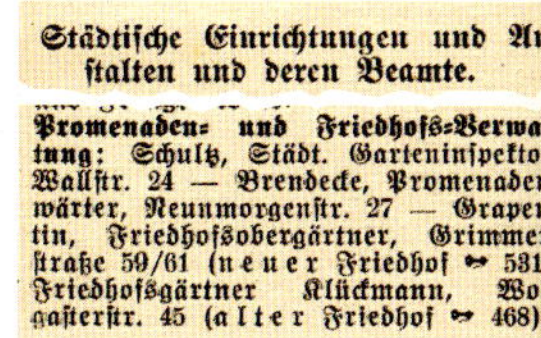

Städtische Einrichtungen und An-stalten und deren Beamte.

Promenaden- und Friedhofs-Verwal-tung: Schultz, Städt. Garteninspektor, Wallstr. 24 — Brendecke, Promenaden-wärter, Neunmorgenstr. 27 — Graper-tin, Friedhofsobergärtner, Grimmer straße 59/61 (neuer Friedhof ↔ 531) Friedhofsgärtner Klückmann, Wol-gasterstr. 45 (alter Friedhof ↔ 468).

112 | Auszug aus dem Greifswalder Adressbuch, 1914

erstmals 1914 mit einem Auftrag betraut. Dieser bestand darin, einen Bebauungsplan für eine ambitionierte Stadterweiterung zu erarbeiten. 1926 fertigte der versierte Hannig ein Gutachten an, in dem er Vorschläge zur weiteren Behandlung bzw. Neugestaltung der meisten Grünpartien Greifswalds unterbreitete. Knapp ein Jahr später wurde Hannig wiederum herangezogen, als es um das Projekt eines Freibades am Ryck, das im Anschluss an den Stadtpark entstehen und dessen Gelände auch Anpflanzungen erhalten sollte, ging.

Nicht wenige Arbeiten, die zu Beginn des 20. Jahrhunderts an den Wallanlagen stattfanden, sind bereits als Maßnahmen im Sinne des Natur- und Denkmalschutzes aufgefasst und durchgeführt worden. Zu dieser Zeit war die Denkmalpflege schon eine feste Größe. Sie hatte sich als historische Disziplin durchgesetzt und verfügte die über eigene Kriterien und Methoden. Der Staat schuf Behörden und erließ Richtlinien und Gesetze, um dem Denkmalschutz öffentliche Geltung zu verschaffen. Kurz nach 1900 vollzog sich ein Paradigmenwechsel in der Theorie und Praxis der Denkmalpflege, bei dem auch der Denkmalbegriff neu definiert und erheblich erweitert wurde. Die Bemühungen zum Schutz und zur Erhaltung wertvoller historischer Kultur- und Kunstzeugnisse sollten sich künftig nicht allein auf Einzelobjekte beschränken, sondern auf geschichtlich gewachsene Ensembles, auf Baugruppen, ganze Stadtquartiere oder komplette Ortschaften ausgedehnt werden. Mit dem „Ensembleschutz" verbunden war auch die Idee einer umfassenden Orts- und Stadtbildpflege. Einen mächtigen Verbündeten hatte die Denkmalpflege im 1. Drittel des 20. Jahrhunderts in der Heimatschutzbewegung. Deren Vertreter und Anhänger, die besonders unter den bürgerlichen Mittelschichten zu finden waren, traten engagiert für den Natur- und Landschaftsschutz ein. Konsequenterweise wurden diese Bestrebungen gebündelt und miteinander programmatisch verknüpft. Für Objekte wie etwa die Greifswalder Wallanlagen, die ein vielgestaltiges Flächendenkmal mit Ensemble-Charakter darstellen, ergaben sich aus der Verzahnung und dem koordinierten Agieren von Denkmal- und Naturschutz optimale Voraussetzungen. Sowohl das historische Monument (die Reste der mittelalterlichen und frühneuzeitlichen Stadtbefestigung) als auch die Natur (einschließlich der Tiere, für die der Wall ein Teil ihres Lebensraums ist) sind in den Anlagen präsent. Mit mehr als hundertjährigen Bäumen sowie raren exotischen Gehölzen weisen sie zudem eine Reihe von Natur-Denkmalen auf. Auch den Fragmenten der Stadtmauer liess man nun, da sie als wichtiges Element des historischen Ortsbildes begriffen wurden, mehr Pflege angedeihen, nach dem noch um 1900 große Abschnitte des schon arg reduzierten mittelalterlichen Fortifikationssystems abgerissen worden waren. Als Reaktion auf die Forderungen nach einer zeitgemäßen Denkmalpflege mit mehr Kompetenzen und einem wirksamen Naturschutz sowie der Heimatschutzbewegung Rechnung tragend, wurde im Juli 1907 in Preußen das Gesetz „Gegen die Verunstaltung von Ortschaften und landschaftlich hervorragenden Gegenden" verabschiedet. Dieses Gesetz bot den Kommunen die staatsrechtliche Grundlage für die Formulierung von Ortsstatuten, mit denen sie ihren Denkmalbestand auch als „Ensemble" oder ihre gesamte Altstadt unter Schutz stellen konnten. Doch wie in den meisten Städten zögerte man auch in Greifswald, solch ein lokales Gesetzeswerk zu verabschieden. Erst im Januar 1914 gab sich die pommersche Hansestadt eine Denkmalsatzung. In § 1 sind die Wallpromenade und die bestehenden Teile der Stadtmauer als Denkmalkomplex ausdrücklich benannt, mit der Verfügung, dass an diesen jegliche Änderung, die ihre Substanz schädige, auch mit Rücksicht auf das Ortsbild, zu unterlassen sei. Somit besaß das Wall-Ensemble seit 1914 nun auch offiziell und juristisch verankert den Rang eines Denkmals.

Doch schon solange es die Wall-Promenaden gibt, hatte sich der Rat um deren Schutz und würdigen Zustand bemüht und dazu Verordnungen erlassen sowie Kontroll- und Sicherungsmaßnahmen angewiesen. Bereits 1786 wurde ein Reglement zur Benutzung der Promenaden formuliert, welches „zur Erhaltung guter Ordnung" bestimmte, „daß die vor dem Spatziergängen bey der Stadt sich findende Staketten Werke zu einer bestimmten Zeit geschlossen" werden. Festgelegt wurde, dass die Promenaden von Mai bis August dem Publikum bis 22.00 Uhr offen stehen sollten, während in den anderen Monaten die Spaziergänge bereits mit Einbruch der Dunkelheit zu schließen seien. Durch diese erste „Parkordnung" Greifswalds erfahren wir, dass die Wallanlagen zusätzlich durch Holzlattenzäune (Staketen) gesichert und abgeschlossen waren. Die Einzäunung von bestimmten Partien der Wallanlagen wurde noch bis zu Beginn des 20. Jahrhunderts aufrechterhalten. Im Laufe der Jahre gab der Magistrat noch mehrere Verordnungen heraus, mit denen er auf Sachlagen und Vorgänge reagierte, die speziell die öffentlichen Grünflächen und Promenaden betrafen. Für die Beachtung und Durchsetzung dieser Erlasse im Alltag zu sorgen, war Aufgabe der städtischen Polizei. Zudem hatte die Kommune für die Promenaden extra einen „Wallwächter" eingestellt. Das Amt bestand vom Ausgang des 19. Jahrhunderts bis etwa 1960. Ausgeübt wurde es nur während der Sommerzeit. Ihr Quartier hatten die auch als „Promenadenwächter" und später als „Wallaufseher" bezeichneten Stadtbediensteten in der „Wallmeisterei", einem Haus in der Wallstraße. Der Wallwächter hatte während seines Dienstes z.B. solchen Anweisungen Geltung zu verschaffen wie jener vom 30. Juni 1893, die den Auslauf von Hunden in den Grünanlagen regelte. Diese legte damals schon fest, dass große und starke Hunde (Doggen, Neufundländer, Bullenbeißer) nur noch an einer 50 Zentimeter kurzen Leine zu führen seien und die Tiere sich ausschließlich unter Beaufsichtigung von Personen, welche dazu in der Lage waren, auf den Wällen tummeln dürften. 1902 sah sich der Magistrat sogar veranlasst, eine strenge Verordnung gegen den Diebstahl von Weihnachtsbäumen in den Wallanlagen zu erlassen, der mit hohen Geldstrafen, ja sogar mit Gefängnis und dem Verlust der bürgerlichen Ehrenrechte geahndet werden sollte. Auch wurde die Polizei dazu angehalten, das Abwerfen von Kastanien auf dem Wall zu unterbinden. Davon, dass es um die „öffentliche Ordnung" in den Grünpartien nicht immer so bestellt war, wie es sich die besorgten Stadtväter wünschten, zeugt auch folgende Bekanntmachung der Polizeidirektion Greifswald vom 11. April 1925: „Für die nächsten Tage ist eine tägliche scharfe Kontrolle durch alle Polizeiorgane in den öffentlichen Anlagen angeordnet. Mit Hilfe von anderen Personen sind Hunde und Hühner (!, d. Verf.) einzufangen und sicher zu stellen". Andere Maßnahmen „polizeilicher Natur" dienten der Sauberhaltung der Promenaden oder sollten verhindern, dass die Wallanlagen mit Pferde- und Benzindroschken befahren wurden. So stellte man auf der Promenade 1914 Abfallkörbe auf und sicherte erstere später noch zusätzlich durch Verkehrspoller.

Die Wallanlagen in den 1920er und 1930er Jahren

Nach dem Ende des Ersten Weltkrieges 1918 und während der darauf folgenden Jahre, die von politischer Instabilität der jungen Republik von Weimar, wirtschaftlicher Depression und Inflation gekennzeichnet waren, beschränkten sich die Bemühungen um das öffentliche Grün in Greifswald weitgehend auf den Substanzerhalt und die notwendigsten Pflegearbeiten. Erst 1926–1927 wurden tiefgreifendere Umgestaltungsmaßnahmen an fast allen Bepflanzungen und vegetabilen Schmuckpartien geplant und größtenteils auch ausgeführt. Dazu hatte das Hochbauamt unter Stadtbaumeister Bastel den obersten kommunalen Gremien Vorschläge zu unterbeiten, und der geschätzte Gartenarchitekt Hannig fertigte ein Gutachten an. Im Bereich der Wallanlagen waren es der Friedrichsplatz auf dem Lindenwall und das Gelände des Schießwalls, welche modifiziert werden sollten. Dazu gehörte auch eine gärtnerische „Verjüngungskur" durch die Entfernung alter Gehölze und das Anpflanzen neuer. Für den Friedrichsplatz schlug Hannig eine behutsame Erneuerung vor, bei der er seinen bisherigen Charakter als Schmuckplatz behalten sollte, mit auffälligen Blumenarrangements, wozu der Stettiner Friedhofsdirektor eine „reichliche Verwendung von Rosen" empfahl. Hingegen waren die in den 1890er Jahren angepflanzten Nadelhölzer laut Hannig „unschön und überaltert" und sollten durch geschnittenen Taxus (Eiben) ersetzt werden. Für die Umstrukturierung von Partien des Schießwalls griff man wieder einen Vorschlag auf, den schon früher der Stadtbaumeister Haas unterbreitet hatte, nach dem dort eine Parkpartie entweder mit Wasserbecken oder Kinderspielplatz entstehen sollte. Hannig votierte in seinem Gutachten ebenso für einen Spielplatz und forderte zudem eine konsequentere Promenadenausbildung durch Reduzierung der schmalen Gehwege auf dem planen Schießwall-Terrain. Der „Ideen-Katalog" des Stadtbaumeisters Bastel vom Spätherbst 1926 enthält gleichfalls eine „befestigte Spielplatzfläche" für diesen Wallbereich.

Ein ehrgeiziges Projekt verfolgte die Kommune zwischen 1927 und 1929, indem sie beabsichtigte, eine „Fließ-Badeanstalt" am Ryck, nordwestlich der Altstadt, einzurichten. Das Freibad sollte sich dem Stadtpark anschließen und diesen auch erweitern. Für Hannig, der hier abermals als Gutachter bemüht wurde, war dies ein begrüßenswerter Plan. Er empfahl, auf dem Gelände des zukünftigen Stadtbades Pappeln, Schwarzerlen, Eschen und Weiden zu pflanzen, welche auch auf nassem Boden prächtig gedeihen würden. Dieses Vorhaben, das als Maßnahme zur Arbeitsbeschaffung durchgeführt werden sollte, wurde aber nach 1929 nicht weiter verfolgt. Einer der Gründe dafür war die katastrophale Situation zur Zeit der Weltwirtschaftskrise, welche die Durchführung derartiger Pläne verhinderte. Auch als Reaktion auf die allgemeine Depression schlug der Verkehrsverein um 1930 vor, eine Dahlienschau auf der „Naugangswiese" durchzuführen, womit das Parkgelände der Credner-Anlagen gemeint war. Doch konnte auch diese Werbeaktion für den lokalen Gartenbau und für Greifswald als freundliche „Blumenstadt" nicht realisiert werden. Statt dessen appellierte der Magistrat an den Gemeinsinn der Bürger und rief dazu auf, Blumenzwiebeln für die Ausschmückung der Wallanlagen zu spenden. Währenddessen liefen die Bemühungen zur Verbesserung der Wegebeziehungen auf den Wallanlagen weiter.

So legte etwa Bastel als Chef des Greifswalder Hochbauamtes im Sommer 1932 einen Entwurf nebst Kostenvoranschlag für die Schaffung einer Treppe an der südlichen Böschung des Kasta-

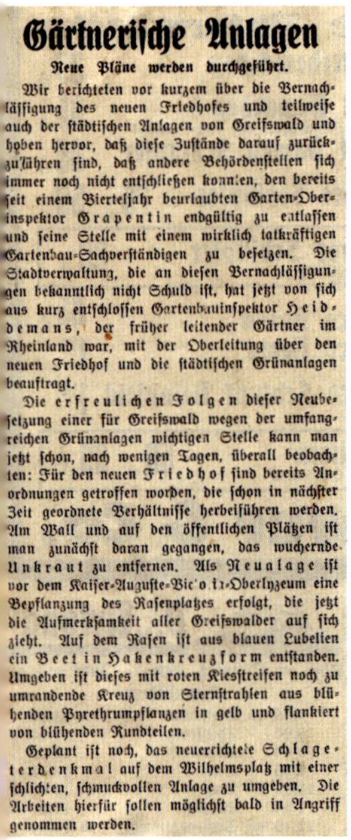

Gärtnerische Anlagen

Neue Pläne werden durchgeführt.

Wir berichteten vor kurzem über die Vernachlässigung des neuen Friedhofes und teilweise auch der städtischen Anlagen von Greifswald und hoben hervor, daß diese Zustände darauf zurückzuführen sind, daß andere Behördenstellen sich immer noch nicht entschließen konnten, den bereits seit einem Vierteljahr beurlaubten Garten-Oberinspektor Grapentin endgültig zu entlassen und seine Stelle mit einem wirklich tatkräftigen Gartenbau-Sachverständigen zu besetzen. Die Stadtverwaltung, die an diesen Vernachlässigungen bekanntlich nicht Schuld ist, hat jetzt von sich aus kurz entschlossen Gartenbauinspektor Heiddemans, der früher leitender Gärtner im Rheinland war, mit der Oberleitung über den neuen Friedhof und die städtischen Grünanlagen beauftragt.

Die erfreulichen Folgen dieser Neubesetzung einer für Greifswald wegen der umfangreichen Grünanlagen wichtigen Stelle kann man jetzt schon, nach wenigen Tagen, überall beobachten: Für den neuen Friedhof sind bereits Anordnungen getroffen worden, die schon in nächster Zeit geordnete Verhältnisse herbeiführen werden. Am Wall und auf den öffentlichen Plätzen ist man zunächst daran gegangen, das wuchernde Unkraut zu entfernen. Als Neuanlage ist vor dem Kaiser-Auguste-Victoria-Oberlyzeum eine Bepflanzung des Rasenplatzes erfolgt, die jetzt die Aufmerksamkeit aller Greifswalder auf sich zieht. Auf dem Rasen ist aus blauen Lubelien ein Beet in Hakenkreuzform entstanden. Umgeben ist dieses mit roten Kiesstreifen noch zu umrandende Kreuz von Sternstrahlen aus blühenden Pyrethrumpflanzen in gelb und flankiert von blühenden Rundteilen.

Geplant ist noch, das neuerrichtete Schlagedenkmal auf dem Wilhelmsplatz mit einer schlichten, schmuckvollen Anlage zu umgeben. Die Arbeiten hierfür sollen möglichst bald in Angriff genommen werden.

113 | Pommersche Zeitung, 24.6.1933

114 | Arbeiten zur Neubepflanzung des Wallabschnitts am Päpke-Platz nahe dem Bahnhof 1937–1938

115 | Blick auf einen neu gestalteten Bereich des Päpke-Platzes, Foto 1938

116 | Der Seerosenteich auf dem Päpke-Platz, Foto 1938

117 | Eine Partie der Grünanlage auf dem Päpke-Platz, Foto 1938

Blumenbepflanzungen im Wechsel der Jahreszeiten das Zifferblatt arrangiert wurde, während zwei große Metallzeiger die Tageszeit angaben. Bei der Greifswalder Bevölkerung fand die Blumenuhr, deren Pflege und saisonaler Bepflanzung sich die Stadtgärtner mit besonderer Hingabe widmeten, viel Anklang. Damit war es aber nach 1990 vorbei: Der dekorative Zeitanzeiger auf dem Wall verfiel und wurde schließlich aufgegeben. Nach 1980 erhielten die Wallanlagen ihre erste vollständige Beleuchtung. Bis dahin waren sie nur punktuell künstlich beleuchtet worden. Im Rahmen des urbanen Umgestaltungs-Projekts hatte der Stadtarchitekt Dr. Frank Mohr 1979/80 auch eine zweiarmige Straßenlaterne eigens für Greifswalds Innenstadt entworfen. Mit diesen Laternen, deren Design einen deutlichen neoklassizistischen Einschlag zeigt, wurden dann auch die Wälle ausgestattet. Vor nunmehr fast drei Jahrzehnten entlang der Wallpromenaden installiert, erfüllen sie bis heute ihre Funktion. Publizistisch erfuhr das Denkmalensemble der Wallanlagen erstmals eine ausführlichere Würdigung durch die 1989 vom Rat der Stadt herausgegebene Broschüre mit dem Titel „Vom Festungswall zur Promenade", verfasst von Greifswalds langjährigem Stadtarchivar Franz Scherer (1937–2004) und Dipl.-Gärtner Hans-Georg Wenghöfer, mit Fotografien von Manfred Zielinski.

Die Wallanlagen von der „politischen Wende" 1989/90 bis zu Beginn des 21. Jahrhunderts: Intensivierte Pflege, behutsame Korrekturen und Teilrekonstruktionen

Vielfältig und aufwändig waren die seit der „Wende" von 1989/90 bis in die Gegenwart durchgeführten Arbeiten für den Erhalt und die Modernisierung des „grünen Gürtels" um Greifswalds Altstadt. Die Ergebnisse und Zwischenresultate entsprechen weitgehend den heutigen Forderungen an eine als einheitlichen wie permanenten Prozess zu betreibende Konservierund und Erneuerung eines solchen weiträumigen und komplexen Denkmals. Diesbezüglich gab es bei den Greifswalder Anlagen auch großen Handlungs- bzw. Nachholbedarf.

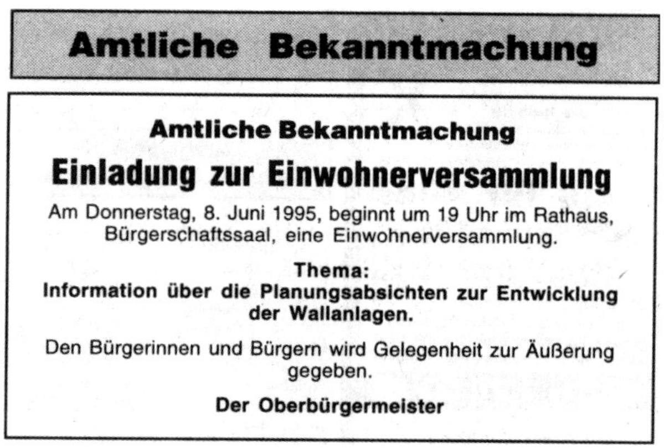

Amtliche Bekanntmachung

Amtliche Bekanntmachung

Einladung zur Einwohnerversammlung

Am Donnerstag, 8. Juni 1995, beginnt um 19 Uhr im Rathaus, Bürgerschaftssaal, eine Einwohnerversammlung.

Thema:
Information über die Planungsabsichten zur Entwicklung der Wallanlagen.

Den Bürgerinnen und Bürgern wird Gelegenheit zur Äußerung gegeben.

Der Oberbürgermeister

123 | Amtliche Bekanntmachung, den Wall betreffend, Ostsee-Zeitung vom 1.6.1995

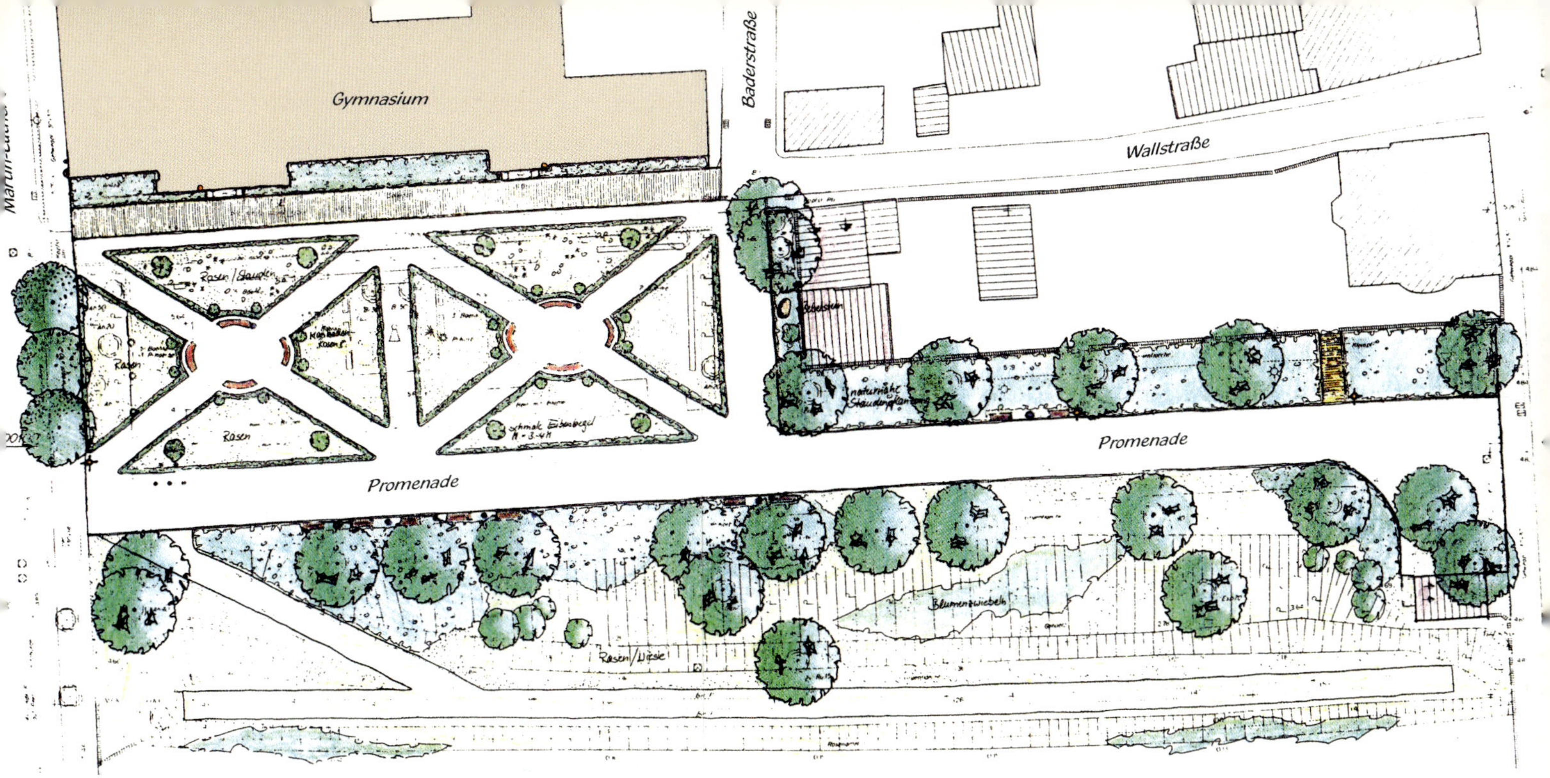

124 | Planung zur Umgestaltung des Lindenwall-Abschnitts mit dem Bebel-Platz, 1996

125 und 126 | Realisiertes Wegekreuz mit Eibeneinfassung der Vegetationsflächen, westlicher Teil (links) und östlicher Teil (rechts), 2008

127 | Neu gestalteter Wallbereich an der Brücke über die Rubenowstraße, 2003

Von 1996 bis 1998 wurde ein Projekt geplant und durchgeführt, das auch mit höheren gartengestalterischen und ästhetischen Ambitionen verbunden war. Es betraf die Neustrukturierung des August-Bebel-Platzes (ehemals Friedrichsplatz) auf dem Lindenwall-Abschnitt zwischen Martin-Luther-Straße und Fleischerstraße. Nachdem hier die alte Schmuckbepflanzung verloren gegangen war, ist mit Bezug auf deren Aussehen eine neue Anlage gebildet worden. Ausgehend von einem erhaltenen Plan des Stadtgärtners Schultz aus dem Jahr 1892 wurde ein doppeltes diagonales Wegekreuz angelegt, an dessen Kreuzungsbereich halbrunde, weiße Bänke Aufstellung fanden. Die Vegetationsflächen bekamen eine differenzierte Bepflanzung mit Eibenkegeln, in Form gebrachten Stauden, Hochstammrosen an Rankenhilfen sowie Rasen und wurden mit niedrigen Eibenhecken eingefasst. So entstand als Teilrekonstruktion ein schöner Schmuckplatz mit historisch-nostalgischen Reminiszenzen.

Einen weiteren Sanierungsschwerpunkt am Lindenwall bildete 2002–2003 der Bereich zwischen Lutherstraße und dem Abgang zum Busbahnhof (ehemals Päpke-Platz). Dabei musste auch ein neuer Hochbau bewältigt werden. Abermals wurde aufgrund veränderter Nutzungsparameter eine neue Brücke über die Rubenowstraße errichtet. Sie ersetzte den erst 1979 entstandenen Brückenbau. Weil die dritte und jüngste Brücke um einiges höher sein musste als ihre Vorgänger, wurden auch die Wallpromenade am Übergang erhöht sowie die Ab- und Aufgehrampen zu und von der Rubenowstraße neu gestaltet. Auf den südlichen Flächen der Wallböschung links und rechts der Straßendurchfahrt und an den Rampen wurden Beete angelegt, die mit ihrem Blumenschmuck an die frühere dekorative Bepflanzung der Böschungen erinnern.

Im April 2002 begann mit der Neuanpflanzung von Bäumen auf dem Kastanienwall das Schließen von Lücken innerhalb des alten Baumbestandes an der Südkante des Walls. Diese vom städtischen Grünflächenamt durchgeführte Arbeit verfolgte auch das Ziel, die Gestaltung wieder dem historischen Zustand anzunähern. Ursprünglich standen an der Nordkante des Walls ausschließlich weiß blühende Frucht tragende Kastanienbäume. Die gegenüberliegende südliche Baumreihe wurde von kleinwüchsigeren rot blühenden Kastanien gebildet. Durch unüberlegtes Nachpflanzen war dieses klare Gestaltungsschema „verwässert" worden, zwischen den rot blühenden Kastanien auch Früchte tragende Weißblüter gesetzt worden waren. Da zudem etliche Bäume in schlechter Verfassung waren, weil sie in der Vergangenheit nur unzureichend bzw. wenig kompetent betreut wurden, entschied man sich, diese zu fällen. Mit den gärtnerischen Regenerationsmaßnahmen an den Baumreihen dieses Wallabschnittes wurde zugleich die Rückgewinnung eines historischen Erscheinungsbildes angestrebt. Derartige Arbeiten im Spannungsfeld von Bewahrung und Erneuerung sind oft eine heikle Angelegenheit. Hier das richtige Verhältnis im Umgang mit historischen Grünanlagen zu finden, ist nicht leicht, zumal es sich bei ihnen um „lebendige Denkmäler" handelt, die dem natürlichen Zyklus des Werdens, Wachsens und Vergehens unterworfen sind.

128 | Neupflanzung von Kastanien auf dem Wall, 2002

129 | Rot und weiß blühende Kastanien nach der Neupflanzung, 2004

Die nördliche Promenade gewann um 2000 erheblich an Attraktivität. Sie tangiert im Westen die Credner-Anlagen und verläuft im Osten bis zur Steinbeckerstraße (früher bis zum Steinbeckertor). Dort gab und gibt es nur wenig Raum für Anpflanzungen, denn der betreffende Landstreifen ist nicht allzu breit. Er liegt zwischen Ryck, dem Hafenbahndamm (ab 1863/65) und der Stadtmauer sowie den Klinikbauten (seit 1903). Die Bepflanzung beschränkte sich, nachweisbar seit den 1820er Jahren, auf zwei den Spazierweg flankierende Baumreihen. Bis in die 1990er Jahre hinein war dieser Weg vernachlässigt worden. Dann erfolgten auch hier korrigierende, die Nordpromenade aufwertende Maßnahmen. So hat man u.a. die Lindenreihen verdichtet, eine den Fußweg begleitende Rasenfläche angelegt und zusätzlich einen Radfahrweg geschaffen. Diesen Aktivitäten schließt sich die Ausbildung einer Promenade südlich des Museumshafens an, um den „grünen Gürtel" um Greifswalds Altstadt auch zwischen Steinbeckerstraße bzw. Brücke und Vangenturm weiter zu führen bzw. zu komplettieren.

An der westlichen Altstadtperipherie galt ein 1992 auf den Weg gebrachtes Bauvorhaben auch der Wiederherstellung einer historisch-urbanen Situation durch eine klar gegenwartsbezogene Neugestaltung. Dort war 1976/77 zusammen mit den alten Wohnhäusern in der Hirtenstraße ein Teil der Stadt-

130 | Das Heizkraftwerk mit Bereichen der Credner-Anlagen im Vordergrund, 2004

131 | Die Wohnzeile in der Hirtenstraße von der Wallseite („Wohnen in der Mauer"), 2004

132 | Die nördliche Promenade in Höhe der alten Universitätsklinik, 2004

133 | Sanierter Abschnitt der Stadtmauer im Nordwesten, 2005

mauer abgerissen worden, wodurch Greifswalds Innenstadt wiederum ein Stück seiner Originalität verloren hatte. Dies sollte im Rahmen des auch mit Bundesmitteln geförderten Langzeitprojekts „Stadterneuerung" zumindest optisch korrigiert werden. Ein Wettbewerb wurde für die Neubebauung ausgeschrieben, den der Dipl.-Ing. Friedrich Steinigeweg (Köln) mit einem Entwurf gewann, an dem auch der bekannte Architekt Gottfried Böhm beteiligt war. 1995 erfolgte die Realisierung des später ausgezeichneten Bauplans. Gemäß dem programmatischen Motto „Wohnen in der Mauer" entstand ein langgestreckter, ziegelsichtiger Reihenhauskomplex, dessen Gestalt auf die frühere kleinteilige Bebauung im Zuge der Stadtmauer Bezug nimmt und der sich in das bestehende urbane Umfeld einfügt. So orientierte sich etwa die Bauhöhe auch an den Größen der alten Bäume auf dem Wall. Zum begrünten Wall und Graben hin zeigt das Gebäude eine relativ geschlossene, homogen gebildete Fassade, die visuell die Funktion der Stadtmauer übernommen hat und an dieser Stelle dem Altstadtraum wieder eine Grenze bzw. einen Rahmen gibt.
Die Wegeverbindung zwischen Domstraße und Wallpromenade besitzt dank des Neubaus an der Hirtenstraße auch eine architektonische Fassung, indem das südliche Segment des Reihenhauskomplexes einen breiten Durchgang erhielt, was durchaus an Tore oder Pforten mittelalterlicher Stadtbefestigungen erinnert.
In dem westlichen Bereich der Credner-Anlagen mit Anschluss zur Kapaunenstraße wurde während der 1990er Jahre gleichfalls ein Großbau errichtet. Dabei handelt es sich um ein mit Erdgas betriebenes Heizkraftwerk, das vor allem die Wärme- und Stromversorgung der Greifswalder Innenstadt sichern und verbessern sollte. Im Herbst 1994 wurde mit dem Bau begonnen, und bereits zum Dezember 1995 konnte das Kraftwerk in Betrieb genommen werden. Auffällig an dem kompakten Gebäude sind die 28 Meter hohen, metallisch glänzenden Schornsteine. Mit seiner Umgebung, also auch mit der Parkanlage, korrespondiert das Bauwerk kaum, es steht vielmehr in hartem Kontrast zu ihm. Direkt westlich vom Kraftwerkbau, also gleichfalls auf dem Gelände der Credner-Anlagen, befindet sich ein Kinderspielplatz, der im Juni 1996 zusammen mit dem endgültig fertig gestellten Komplex zur Wärme- und Stromerzeugung der Öffentlichkeit übergeben wurde.

Die Sanierung der mittelalterlichen Stadtmauer erwies sich nach 1990 als dringliche Aufgabe, weil die davor an ihren Fragmenten vorgenommenen Reparaturarbeiten vom denkmalpflegerischen Standpunkt aus wenig befriedigen konnten und auch in der Ausführung mangelhaft war. Die westlichen und nordwestlichen Abschnitte der Mauer wurden nach den Planungen des Greifswalder Architekturbüros Lesche/Buchheim 1993 umfassend instand gesetzt. Dabei ist auch der „wild gewachsene" Gehölzbestand an beiden Mauerseiten erheblich reduziert worden, und Bereiche der Mauerkrone bekamen eine Isolier- und Schutzbepflanzung. Die mit erheblichem Aufwand betriebene Stadtmauersanierung wurde dann 1994 bis 1995 am südlichen Abschnitt bis in die Zone des Lindenwalls fortgeführt. Die jüngsten Sicherungs- und Erneuerungsmaßnahmen an den Rudimenten von Greifswalds Fortifikationsanlagen betrafen neuralgische Mauerzonen im parallelen Verlauf zum Kastanienwall, in Höhe der Tiefgarage und des Pommerschen Landesmuseums. Dort war das Backsteinmauerwerk schon mehrfach ausgebessert worden, zeigte etliche Störungen und eine große Lücke. Daneben gibt es aber auch eine architektonisch interessante Partie mit einer barocken Pfeiler-Bogen-Konstruktion. 2003 erhielt der Greifswalder Architekt Klaus

Größe eingebüsst. Im Gefolge der ambitionierten Neugestaltung der Platzfläche in den 1990er Jahren wurde der Bebel-Stein 1998 nochmals umgesetzt. Seitdem steht das Monument an der östlichen Schmalseite des Platzes vor einer Grundstücksmauer aus gelben Ziegelsteinen.

Ein weiteres Denkmal auf den Wallpromenaden kann mit seiner ursprünglichen Bestimmung und Botschaft direkt als politischer Antipode zum Gedenkstein für Bebel aufgefasst werden. Es ist der sogenannte „Studentenstein", der seinen Platz seit 1995 im westlichen Bereich des Lindenwalls hat, unweit des Abgangs zum Busbahnhof. Die hohe, leicht ellipsoide Gestalt des Tonnen schweren Granitmonoliths ruft Assoziationen wach zu frühgeschichtlichen Steinsetzungen (z.B. den „Menhiren"). Es ist auch durchaus möglich, das dieser Stein einst zu einem prähistorischen Großsteingrab gehörte. Der nationalistisch gesinnte Studentenausschuss an der Greifswalder Hochschule hatte dieses Denkmal-Projekt 1920/21 initiiert und ausführen lassen. Der Stein war als Monument für das deutsche Heer des Ersten Weltkrieges gedacht, sollte an dessen oberste militärische Führung erinnern sowie eine dauerhafte Ehrung sein für die 1914 bis 1918 Gefallenen aus den Reihen der Greifswalder Studentenschaft. Am 21. Januar 1921 fand die Einweihung des Steins statt. Wie so oft bei solchen Anlässen wurde das Datum bewusst gewählt: An diesem Tag jährte sich zum fünfzigsten Mal die Gründung des Deutschen Kaiserreiches. Die Einweihung des Denkmalsteins war demnach auch eine Demonstration gegen die Existenz der jungen Weimarer Republik. Auf dem Stein war zu lesen: „Vergeßt den Geist von 1914 nicht! Von Hindenburg. Den deutschen Heerführern im Weltkriege im Gedenken an ihre gefallenen Commilitonen Greifswalds akademische Jugend". Mit der Inschrift wurde also ein geflügeltes Wort des Generalfeldmarschalls Paul von Hindenburg (1847–1934) zitiert, der populären Symbolfigur des „Preußentums" sowie rechter Parteien und Bewegungen, welcher von 1925 bis 1934 Reichspräsident war. Das dann auch „Hindenburgstein" genannte Denkmal wurde an der Lindenwall-Promenade, etwa in Höhe der Augenklinik, aufgestellt. Anfang der 1930er Jahre ist der Stein um wenige Meter versetzt worden. Von da an stand er auf einem bastionsartigen Vorsprung des Lindenwalls, der später weggebaggert wurde. Nach 1945 fiel der Studentenstein unter ein politisches Verdikt. Für ihn galt die von der deutschen Zentralverwaltung zu Berlin am 6. Mai 1946 erlassene Richtlinie über die Beseitigung von „faschistischen und militaristischen Denkmälern" in der sowjetischen Besatzungszone (SBZ). Eine lokale Kulturkommission beschloss am 11. September 1946 auch die Entfernung des Steins. Trotzdem

139 | Der „Studentenstein" auf dem Lindenwall, 2004

blieb er stehen. Später ist die fast schon unleserlich gewordene Inschrift, nachdem darüber 1953 debattiert und verhandelt worden war, verändert worden. Der so dem offiziellen Geschichtsbild der DDR angepasste Studentenstein wurde schließlich 1985 zusammen mit seinem Standplatz am Wall entfernt, als der Ausbau des Stadtgrabens erfolgte. Man deponierte den suspekten Monolithen nördlich des Tierparks, wo er in Vergessenheit geriet. Nach 1989/90 erinnerte man sich seiner wieder, und am 30. August 1995 wurde der Studentenstein abermals auf dem Lindenwall platziert. Er trägt nun folgende Worte: „Ihren in den Weltkriegen gefallenen Kommilitonen / die Studentenschaft der Universität Greifswald".

Ein Denkmal ganz anderen Charakters wurde nach dem Zweiten Weltkrieg an der Südkante des Lindenwallstücks, das direkt an der Grünanlage des Päpke-Platzes und seit 1982 am Busbahnhof lag, errichtet. Im Rahmen der Feiern zum 700. Stadtjubiläum im Mai 1950 wurde der Grundstein für ein Erinnerungsmal an die Opfer der nationalsozialistischen Gewaltherrschaft gelegt. Der Greifswalder Bildhauer Hans Prütz (1902–1972) formte das bescheidene Monument als klaren Kubus aus Kunststein. Dieser trägt mit einem auf der Spitze stehenden roten Dreieck das als antifaschistisches Symbol weiter verwendete Abzeichen der „politischen" KZ-Häftlinge und in erhabenen Blockbuchstaben folgende Widmung: „DEN TOTEN / ZUM / GEDENKEN / DEN / LEBENDEN / ZUR / MAHNUNG." Seit 1955 wurde das Monument offiziell als „VVN-Gedenkstätte" bezeichnet (VVN = „Vereinigung der Verfolgten des Naziregimes", deren Zeichen auch das rote Dreieck ist).
Eine mehr individuelle Denkmal-Ehrung erfuhr der durch die NS-Justiz zum Tode verurteilte Pfarrer Alfons Maria Wachsmann (1896–1944). Wachsmann war von 1929 bis 1943 Seelsorger der katholischen St. Joseph-Gemeinde in Greifswald. Auf einer Grünfläche zwischen Rubenowstraße, ehemaliger Augenklinik und Lindenwall, in Nähe eines nördlichen Treppenaufgangs zum Wall und der Promenadenbrücke, wurde das Denkmal errichtet. Seine Einweihung erfolgte am 10. Mai 1985. Geschaffen wurde es vom Bildhauer Klaus Freytag. Hauptkomponenten des Denkmals sind die Porträtbüste Pfarrer Wachsmanns und eine Inschrifttafel, beide in Bronze gegossen. Angebracht sind sie auf einem Pfeiler und an einer Platte aus Beton, die dicht nebeneinander stehen. Auf der Tafel ist zu lesen: „PFARRER DR. ALFONS MARIA WACHSMANN GEB. 25. JAN. 1896 IN BERLIN / ERM. 21. FEB. 1944 IM ZUCHTHAUS BRANDENBURG / STREITER GEGEN FASCHISMUS FÜR FRIEDEN UND MENSCHENWÜRDE".

140 | VVN-Gedenkstätte, 2008

141 | Denkmal für Pfarrer A. M. Wachsmann, 2006

142 | Denkmal-Stele für die Greifswalder Opfer der Internierungslager in der SBZ, 2004

Das jüngste Monument im Wallbereich erhielt seinen Platz im Westabschnitt des „grünen Gürtels", unweit der Stelle, wo Promenade und Lange Straße aufeinandertreffen. Es erinnert an Einwohner Greifswalds, die nach dem Ende des Zweiten Weltkrieges in Internierungslagern der sowjetischen Besatzungsmacht gefangen gehalten wurden und dort starben. 1995 hatte die Bürgerschaft den Beschluss verabschiedet, ein solches Gedächtnismal zu errichten, am 17. Juni 1997 konnte es eingeweiht werden. Es handelt sich um eine dreikantige Kupferstele, die, sehr schlank und obeliskenförmig gebildet, ca. 2,50 Meter in die Höhe ragt. Schöpfer dieses abstrakt-plastischen Monuments ist der Künstler Thomas Radeloff. Seine beiden Inschriften lauten: „Im Gedenken an die Greifswalder Opfer der Internierungslager 1945–1950. Die Bürgerschaft der Hansestadt Greifswald" und „Die Zeiten werden hoffentlich bald kommen, wo dieses Golgotha als solches geschützt wird. Irmgard Engel über Fünfeichen, Totensonntag 1949". Irmgard Engel war die Ehefrau von Prof. Carl Engel (1895–1947), dem Rektor der Universität Greifswald (1942–1945) und einem der Parlamentäre, die mit der Roten Armee im April 1945 die kampflose Übergabe der Stadt ausgehandelt hatten. Prof. Engel starb 1947 in Fünfeichen (Neubrandenburg), einem Lager des sowjetischen Geheimdienstes NKWD.

Wertvolle Bäume und dendrologische Sehenswürdigkeiten in den Wallanlagen

Bei den Bäumen, die auf dem südwestlichen Bereich des Lindenwalls sowie am Schießwall in alleeartiger Reihung stehen, handelt es sich um Winterlinden (TILIA CORDATA). Auf dem Kastanienwall bilden rot blühende Kastanien (AESCULUS x CARNEA) und weiß blühende Kastanien (AESCULUS HIPPOCASTANUM) zwei wohlgeordnete Reihen. Im Bereich des „Müntergrundes" zwischen Stadtmauer und Kastanienwall treffen wir auf eine relativ große Zahl verschiedener Gehölzarten. Unter den Bäumen sind mächtige Exemplare. Auffällig ist die Flügelnuss (PTEROCARYA FRAXINIFOLIA) mit ihren gefiederten, eschenähnlichen Blättern und „nackten" Knospen im Winterhalbjahr. Eine breite, lockere Krone mit weit ausladenden Ästen, ein kugelförmiger Fruchtbehang sowie abfallende Rindenplatten am gefleckten Stamm sind die äußeren Hauptmerkmale der Platane (PLATANUS x HISPANICA). Diese Art ist mit mehreren imposanten Exemplaren nicht nur im Müntergrund, sondern auch anderenorts entlang des Walls präsent (etwa in den Kreuzungsbereichen von Wall und Fleischer- sowie Rakowerstraße oder neben der Brücke in der Lutherstraße). Im Umfeld des Gedenksteins für Julius Münter stehen zwei alte Eichen (QUERCUS ROBUR FASTIGIATA), die ursprünglich eine

strenge Pyramidenform hatten. Dazu kommen als wertvolle Gehölze zwei Silberahorn-Bäume (ACER SACCHARINUM) und eine amerikanische Roteiche (QUERCUS RUBRA), die durch ihr überaus buntes Herbstlaub ins Auge fällt. Auch eine Edelkastanie bzw. Marone, also essbare Kastanie (CASTANEA SATIVA), wächst im Müntergrund. Südlich vom Kastanienwall wurden in Nähe der Fußgängerbrücke im Goethegrund (beim Gymnasium) vor einigen Jahren eine Schwarzbirke (BETULA NIGRA) und eine amerikanische Linde (TILIA AMERICANA) gepflanzt.
Unweit dieser beiden Gehölze stehen auf der südlichen Seite vom Stadtgraben ein Rotahorn (ACER RUBRUM) und der Baum einer Eichenart (QUERCUS COCCINEA) mit zeitweilig markanter roter bzw. rotgelber Belaubung. An dem Fußgängerweg von der Bushaltestelle Goethestraße zum Mühlentor sind als besondere Gehölze die Hickorynuss (CARYA OVATA) und ein Schnurbaum (SOPHORA JAPONICA, direkt an der Brücke) zu erwähnen. Am Nordhang des Kastanienwalls stehen heute noch große Exemplare von Rüstern bzw. Ulmen (ULMUS MINOR), die vom allgemeinen „Ulmensterben" in der zweiten Hälfte des 20. Jahrhunderts, die der Ulmensplintkäfer europaweit hervorgerufen hatte, verschont blieben. Beim Abgang vom Kastanienwall zur Fleischerstraße fallen zehn stattliche Eichen ins Auge. Diese sind rund 100 Jahre alt und nachweislich vom Stadtgärtner Schultz gepflanzt worden. Im Wallabschnitt zwischen Fleischer- und Lutherstraße gibt es zwei bemerkenswerte botanische Raritäten: An der Ecke Bader-/Wallstraße steht ein Baum, der durch seinen späten Blattaustrieb und den reichen Besatz mit bis zu zwölf Zentimeter langen und verzweigten Dornen an den Ästen auffällt – eine Gleditschie, auch Christusdorn genannt (GLEDITSIA TRIACANTHOS). Ein Jungbaum dieser Art wächst auch an der Verbindung zwischen Domstraße, Hirtenstraße und Wall. Auf der Wallböschung zum Stadtgraben, in Höhe des ehemaligen „Haus des Handwerks" (Bahnhofstraße 1), befindet sich ein schöner Ginkgo-Baum (GINKGO BILOBA), der durch die prägnante Blattform und gelbe Herbstfärbung fasziniert. Dieser Ginkgo am Lindenwall ist mindestens 125 Jahre alt. In seiner Nähe stehen Graupappeln (POPULUS CANESCENS) mit mächtigen Stämmen. Die Lutherstraße quert den Lindenwall mit einer Straßenbaumbepflanzung von 1993, für die chinesische Birnen (PYRUS CALLERYANA „CHANTICLEER") verwendet wurden.
An der Westseite der Lutherstraße ragt ein starker Tulpenbaum (LIRIODENDRON TULIPIFERA) mit seinen besonderen Blattformen empor, dessen frühsommerliche Blüten Aufmerksamkeit verdienen. Mit der Rekonstruktion des alten Universitätsgebäudes der Physiologie nahe dem Lindenwall wurden 2001 auch die begrünten Außenanlagen erneuert. Wertvolle Einzelbäume sind dabei angepflanzt worden, z.B. der Gattungen Ahorn und Magnolie, die hier auch eine Referenz an Julius Münter sind.
Auf der südlichen Grabenböschung westlich der Rubenowstraße wächst ein weiterer schöner Ginkgo-Baum, während im Grabengrund zwischen Lindenwall und alter Augenklinik eine Magnolie (MAGNOLIA x SOULANGIANA) im Frühling ihre Blütenpracht entfaltet. Neben dieser Magnolie machen in dem Wallabschnitt prächtig gewachsene Rot- und Weißbuchen (FAGUS SYLVATICA und CARPINUS BETULUS) mit ihren variierenden Stamm- und Rindenausbildungen auf sich aufmerksam. Unter den Strauchpflanzen am Denkmal für die Opfer der Internierungslager in der SBZ erwecken besonders die Blüten der Strauchmagnolie (MAGNOLIA x KOBUS) Aufmerksamkeit. Die Neubepflanzung im Umfeld des Amtsgerichtsgebäudes, also auf dem Gelände vom ehemaligen Kurpark, zeigt solche beachtenswerten Gehölze wie eine gelbblühende Kastanie (AESCULUS FLAVA „VESTITA"), einen amerikanischen Amberbaum

143 | *links: Alte Roßkastanie auf dem Kastanienwall, 2005*

144 | *rechts: Eiche mit „goldener Belaubung“ am Goethegrund, 2004*

145 | *Die Gleditschie bzw. der Christusdorn im Wallbereich, 2004*

146 | *Zweig des Christusdorns, 2004*

(LIQUIDAMBAR STRYRACIFLUA) und eine Purpurmagnolie (MAGNOLIA LILIIFLORA NIGRA). Im Bereich der Credner-Anlagen sei auf die Schwarzkiefer (PINUS NIGRA SSP. NIGRA) innerhalb einer Koniferengruppe verwiesen. Auch zwei Exemplare des Urweltmammutbaumes (METASEQUOIA GLYPTOSTROBOIDES) sowie eine Baumhasel (CORYLUS COLURNA) wurden dort gepflanzt. Die stattlichen Pappeln in dieser Parkpartie könnten zudem Schwarzpappeln (POPULUS NIGRA) sein. Im Bereich nördlich des Heizkraftwerkes hat ein Götterbaum (AILANTHUS ALTISSIMA) seinen Standort, der auffällig große Blätter besitzt. Unter den Bäumen des Tierparks, dem einstigen, um 1900 angelegten Stadtpark, sind eine Sumpfzypresse (TAXODIUM DISTICHUM) und eine Blumenesche (FARXINIUS ORNUS) die wohl ungewöhnlichsten Gewächse.

Epilog: Die Bewahrung des Wallensembles als kommunale Aufgabe

Wie Greifswald besitzen noch mehrere andere Städte in Mecklenburg-Vorpommern gut erhaltene historische Wallanlagen. Allein in dreizehn Kommunen dieses Bundeslandes verweisen Straßennamen auf jene Fortifikationen, die ihnen im Mittelalter Schutz und Rechte garantierten. Dass die Bürger vor rund 200 und mehr Jahren die Chance ergriffen und genutzt hatten, diese Defensionswerke in begrünte, freundliche Bereiche der Erholung und Begegnung umzuwandeln, ist bis heute eine der Grundlagen kommunaler Entwicklung geblieben. Denn die Bildung zentrumsnaher Grünanlagen und deren Nutzung sind für die Allgemeinheit von unschätzbarem Wert, für viele Stadtbewohner bedeuten sie ein konkretes Stück Lebensqualität. Etliche Greifswalder verbinden mit den Wallanlagen sehr persönliche Erinnerungen und wichtige Ereignisse in ihrer Biographie. Durch diese Erinnerungen werden auch hohe emotionale Erwartungen mit der weiteren Zukunft des „grünen Gürtels" verknüpft. Daraus leiten sich berechtigte Forderungen nach einer kontinuierlichen Pflege und Unterhaltung des Denkmalensembles „Wall" mit all seinem vielfältigen Inventar ab. Deshalb sollte es weiterhin eine verpflichtende Aufgabe für die öffentlichen Gremien sein, eine Reduzierung des Wallensembles nicht zuzulassen, sondern es in seiner Gesamtheit sorgsam zu schützen und im möglichst besten Stand zu halten. Erneuerungen, sofern sie ihre Berechtigung haben bzw. notwendig sind, dürfen dabei nicht ausgeschlossen werden. Die Förderung des hohen Kulturgutes „Wall" ist ein nicht zu unterschätzendes Potential für die Stadt, ist eine Investition in ihre Zukunft, mit der zugleich ein wertvolles Erbe früherer Generationen bewahrt wird.

147 | Die Wallpromenade ist die wichtigste innerstädtische Grünanlage Greifswalds, 2007

Zeittafel

1250	Stadtrechtsverleihung durch den Pommernherzog Wartislaw III. (14.5.)
1264	Die Stadt Greifswald erhält das Verteidigungs- und Befestigungsrecht (17.5.)
1293 oder 1294	Erste Erwähnung eines Befestigungswerks, des Fleischertors, in den schriftlichen Quellen
1329	Vangenturm erstmalig in den schriftlichen Quellen erwähnt
1627–1631	Besetzung Greifswalds durch kaiserliche Truppen im Dreißigjährigen Krieg. Ausbau und Modernisierung der Befestigungsanlagen (Bastionierung) unter den kaiserlichen Stadtkommandanten Marazzan und Perusius
1631	Einzug schwedischer Truppen in die Stadt (Juni). In der Folge weiterer Ausbau der Defensionswerke sowie Bau einer Schanze in Wieck
1648	Im Ergebnis des Dreißigjährigen Krieges fällt Vorpommern mit Greifswald an Schweden. Das Gebiet wird zu einer stark befestigten und hoch gerüsteten schwedischen Provinz ausgebaut
1659	Greifswald widersteht der brandenburgischen Belagerung im schwedisch-polnischen Krieg – letzte erfolgreiche Bewährungsprobe der Befestigungsanlagen
1678	Belagerung, Beschießung und Einnahme Greifswalds durch die Truppen des Großen Kurfürsten im schwedisch-brandenburgischen Krieg
1720	Aufhebung des Festungsstatus' nach dem verlorenen Nordischen Krieg
1759	Beschädigung der Stadtmauer und des „Runden Turms" am Kuhstraßentor durch die Explosion eines preußischen Pulverlabors (25.4.)
1769	Beginn der Beratungen zur Umwandlung der Wälle in begrünte Promenaden
ca. 1771/74	Abbruch des „Runden Turms" am Kuhstraßentor
1775–1826	Verpachtung des Vangenturms an die Universität, die das Bauwerk als Sternwarte nutzt
um 1778	Barocker Umbau des mittelalterlichen Vettentors
1782	Beginn der Erd- und Pflanzarbeiten auf den Wällen
1800	Abbruch des mittelalterlichen Mühlentors
ab 1805	Neubau des Mühlentors (Fertigstellung 1811 bzw. 1814)
1813	Abbruch des mittelalterlichen Fleischertors, 1814 des dazugehörigen Vortors
1814	Umbau des Fischstraßentors zu einem einfachen „Pfeilertor" nach Abbruch der Reste des alten Tors
1815	Übergang des letzten Teils Schwedisch-Vorpommerns mit Greifswald an Preußen
1817	Neubau des Fleischertors
1817/18	Im Zuge der Anlegung des Alten Friedhofs Einebnung des Hauptwalls zur Gewinnung von Erdreich, wohl in diesem Zusammenhang Abbruch der Stadtmauerpartie zwischen Vangenturm und Mühlentor

1817, 1820, 1832	Phasenweiser Abbruch des mittelalterlichen Steinbeckertors
1827	Der Kastanienwall erhält eine neue, alleeartige Baumbepflanzung
1833	Neubau des Steinbeckertors
1836	Abbruch des Brüggstraßentors, des „Blauen Turms" sowie des Knopfstraßentors
1840–1842	Erneuter Umbau des Vettentors
1846	Abbruch der Reste des Kuhstraßentors
1856–1858/59	Abbruch der Stadtmauer an der Nordseite der Hafenstraße zwischen Steinbecker- und Fischstraße sowie zwischen Büch- (heute J.-S.-Bach-) und Kuhstraße im Zusammenhang mit der Verbreiterung des Hafenbollwerks. Der verbleibende Mauerabschnitt zwischen Fisch- und Büchstraße fällt 1864/65 wegen des Baus der Hafenbahn
1857	Abbruch der Reste des Büchstraßentors
ab 1860er Jahre	Im Zuge der Errichtung der Klinik- und Institutsbauten der Universität auf dem Gelände des ehemaligen Dominikanerklosters Teilabbruch der nordwestlichen Stadtmauer
1863	Anschluss Greifswalds an die Eisenbahn, zugleich Bau der Hafenbahn
1867	Abbruch des Vettentors
1868	Abbruch des Fleischertors von 1817
1870/1880er Jahre	Sukzessiver Abbruch der Stadtmauer westlich des Fleischertors bis zur Universität im Zusammenhang mit dem Bau des Lyzeums und der Errichtung der Universitätsneubauten an der Rubenowstraße
1872	Abbruch des klassizistischen Mühlentors
1881–1882	Einrichtung des Sol- und Moorbades
um 1900	Anlegung der Credner-Anlagen und des Stadtparks (späterer Tierpark)
1937–1938	Aufwändige Neugestaltung der Grünanlage des Päpke-Platzes nahe dem Bahnhof
1951	Abbruch des klassizistischen Steinbeckertors von 1833
1973–1976	Bau der Universitäts-Mensa auf dem Schiesswall
1973	Bau des Hanserings
1974–1977	Abriss der Stadtmauer an der Hirtenstraße
1983–1985	Ausbau des Stadtgrabens
1992–1994	Sicherungsarbeiten am Vangenturm
1992–1996	Sicherungs- und Sanierungsarbeiten an der westlichen und nordwestlichen Stadtmauer
1995	Beginn der Erneuerung der grünen Wallpromenade
2007	Sanierung eines fast 100 m langen Abschnitts der Stadtmauer am Pommerschen Landesmuseum

Ortsbeschreibungen; Bd. 4: Die Dörfer der Stadt Greifswald, Greifswald 2000;
Ortsbeschreibungen; Bd. 5: Die Dörfer der Universität Greifswald, Greifswald 2001;
Städte; Bd. 2: Greifswald, Greifswald 2002

Theatrum Europaeum [etc.], hrsg. von Johann Philipp Abelinus [u.a.], 21 Bde., 1646–1738, Bd. 1, 2, 8, 11, Frankfurt am Main 1662, 1646, 1693, 1682 [erschienen 1707]; Digitalisat der Universitätsbibliothek Augsburg unter http://www.bibliothek.uni-augsburg.de/dda/dr/hist/we_00001-00021/ (Stand 28.11.2008)

Zeitungen und Zeitschriften (Stadtarchiv Greifswald)

Greifswalder Stadtblatt
Greifswalder Zeitung
Landes-Zeitung
Ostsee-Zeitung
Pommersche Zeitung
Sundine. Unterhaltungsblatt für Neu-Vorpommern und Rügen

Darstellungen

Ansorge, Jörg: Renaissancetöpferei an der Stadtmauer in Greifswald, in: Archäologische Berichte aus Mecklenburg-Vorpommern, Bd. 11, 2004, S. 78–96

Auerbach, Horst: Festung und Marinegarnison Stralsund, Rostock 1999

Backhaus, Helmut: Pommern als schwedische Militärprovinz um die Mitte des siebzehnten Jahrhunderts, in: Wernicke, Horst; Hans-Joachim Hacker (Hrsg.): Der Westfälische Frieden von 1648 – Wende in der Geschichte des Ostseeraums, Hamburg 2001, S. 121–134

Backhaus, Helmut: Reichsterritorium und schwedische Provinz. Vorpommern unter Karls XI. Vormündern (1660–1672), Göttingen 1969

Baier, Gerd/Horst Ende/Renate Krüger (Bearb.): Die Denkmale des Kreises Greifswald, Leipzig 1973

Die Bau- und Kunstdenkmale in Mecklenburg-Vorpommern, hrsg. vom Landesamt für Denkmalpflege Mecklenburg-Vorpommern, Berlin 1995

Berghaus, Heinrich (Bearb.): Landbuch von Neü-Vorpommern und der Insel Rügen oder des Verwaltungs-Bezirks der Königl. Regierung zu Stralsund, Bd. 1, Anklam/Berlin 1866 (=ders.: Landbuch des Herzogthums Pommern und des Fürstenthums Rügen; T. 4, Bd. 1)

Bergmann, Uwe H.: Anmerkungen zur Geschichte der Astronomie an der Universität Greifswald, in: Küstenbilder. Beiträge zur Heimatgeschichte und zur Denkmalpflege im Bezirk Rostock, 1988, S. 83–90

Biederstedt, Rudolf: Untersuchungen zur Besiedlungsgeschichte der Greifswalder Vorstädte und Ortsteile, in: Baltische Studien, NF, Bd. 77, 1991, S. 54–83

Biermann, Felix/Ralf Gebuhr und Gunnar Möller: Neuzeitliche Befestigungen von Städten in Mecklenburg-Vorpommern, in: Archäologie unter dem Straßenpflaster. 15 Jahre Stadtkernarchäologie in Mecklenburg-Vorpommern, hrsg. von Hauke Jöns, Friedrich Lüth und Heiko Schäfer, Schwerin 2005, S. 233–240

Brandt, Dirk/André Lutze: Anfänge und frühe Entwicklung profaner Backsteinarchitektur des 13. Jahrhunderts in Greifswald (1265–1290). Ein Beitrag zur mittelalterlichen Baugeschichte einer lübischrechtlichen Hansestadt, in: Greifswalder Beiträge zur Stadtgeschichte, Denkmalpflege, Stadtsanierung, 1. Jg., 2004, Sonderheft, S. 13–47

Branig, Hans: Geschichte Pommerns. Teil I: Vom Werden des neuzeitlichen Staates bis zum Verlust der staatlichen Selbständigkeit 1300-1648, Bearbeitung und Einführung von Werner Buchholz, Köln/Weimar/Wien 1997; Teil II: Von 1648 bis zum Ende des 18. Jahrhunderts, bearb. und hrsg. von Werner Buchholz, Köln/Weimar/Wien 2000

Caspar David Friedrich und Künstler seiner Zeit, hrsg. vom Museum der Hansestadt Greifswald, Greifswald 1993

Castagne, Fritz: Er kam aus Pommern – Johann Friedrich Castagne. Die Geschichte eines Kieler Neubürgers von 1800 und seiner Nachkommen, Teil 2, in: Pommern, 3/1978, S. 15–23

Ehler, Melanie (Hrsg.): Fürstliche Garten(t)räume, Berlin 2003

Ewe, Herbert: Das alte Bild der vorpommerschen Städte, Weimar 1996

Ewe, Herbert: Stralsunder Bilderhandschrift. Historische Ansichten vorpommerscher Städte, Rostock 1979

Frenzel, Peter/Jörg Ansorge/Finn Andreas Viehberg: Der Greifswalder Stadtgraben vor der Industrialisierung – eine Paläomilieurekonstruktion vor archäologischem Hintergrund, in: Rostocker meeresbiologische Beiträge; H. 12, 2004, S. 23–38

Führer durch Greifswald und Umgegend, 3. vermehrte und verbesserte Auflage, Greifswald 1907

Gesterding, Carl: Beitrag zur Geschichte der Stadt Greifswald oder vervollständigte Darstellung, Berichtigung und Erläuterung aller die Stadt Greifswald, ihre Kirchen und Stiftungen angehenden Urkunden bis zum Ende des achtzehnten Jahrhunderts, Greifswald 1827

Greifswald. Geschichte der Stadt, hrsg. von Horst Wernicke im Auftrag der Hansestadt Greifswald, Schwerin 2000

Gutachterliche Untersuchung und Neubebauung Stadtmauer – Hirtenstraße „Wohnen in der Mauer" – ein Beitrag zur Sanierung der Hansestadt Greifswald. Hrsg. Hansestadt Greifswald, Der Oberbürgermeister, Stadtplanungsamt, Greifswald 1996 (Stadtplanung aktuell; Nr. 20, Dezember 1996)

Hacker, Hans: Hans Heinrich Craußе, ein Kartograph Pommerns im 17. Jahrhundert, in: Pommern, 3/1995, S. 20-27

Hacker, Hans-Karl: Wieck und seine Fischerei. Eine historisch-wirtschaftsgeographische Betrachtung, Dipl.-Arbeit, Ernst-Moritz-Arndt-Universität Greifswald, 1955 (unveröff. Ms.)

Hoefer, Edmund: Küstenfahrten an der Nord- und Ostsee, Stuttgart 1880/1881

Hoppe, Klaus-Dieter: Die schwedischen Festungen in Mecklenburg und Vorpommern, in: Ein Jahrtausend Mecklenburg und Vorpommern. Biographie einer norddeutschen Region in Einzeldarstellungen, hrsg. von Wolf Karge, Peter-Joachim Rakow und Ralf Wendt, Rostock 1995, S. 171–178

Igel, Karsten/Uwe Kiel: Aus dem Schatten des Klosters. Die Entwicklung Greifswalds im 13. und zu Beginn des 14. Jahrhunderts, in: Greifswalder Beiträge zur Stadtgeschichte, Denkmalpflege, Stadtsanierung, 1. Jg., 2004, Sonderheft, S. 4–12

Igel, Karsten: Greifswalder und Greifswald um 1400. Stadt-Raum im Spiegel des Greifswalder liber hereditatum (1351–1452), phil. Diss, Univ. Münster, 2002 (unveröff. Ms.)

Jäger, Hermann: Lehrbuch der Gartenkunst, Berlin/Leipzig 1877

Klaje, Hermann: Des Großen Kurfürsten Stürme auf Greifswald im Jahre 1659, in: Pommersche Jahrbücher, Bd. 10, 1909, S. 75–148

Köbke, Hubertus: Eine kurze Geschichte von Festungen und Befestigungen. A short history of fortresses and fortifications, Schwerin 2007 (Schriften zur Geschichte Mecklenburgs; Bd. 19)

Kornow, Kai: Historische Darstellungen der Stadt Greifswald von den Anfängen bis zum Aufkommen der Photographie (Katalog und quellenurkundliche Betrachtungen), Fachschulabschlußarbeit, Fachschule für Museologen Leipzig, 1989 (unveröff. Ms.)

Kosegarten, J. G. L.: Das Friedländische Kriegsvolk zu Greifswald in den Jahren 1627–1631. Nach den Acten des Greifswaldischen Stadtarchives, in: Baltische Studien, 15. Jg., 1853, H. 1, S. 1–136; ebd., 15. Jg., 1854, H. 2, S. 81–139; ebd., 16. Jg., 1856, H. 1, S. 157–177; ebd., 17. Jg., 1858, H. 1, S. 51–102; ebd., 17. Jg., 1859, H. 2, S. 176–186; ebd., 18. Jg., 1860, H. 1, S. 115–158

Kosegarten, Joh. Gottfr. Ludw.: Geschichte der Universität Greifswald mit urkundlichen Beilagen, 2 Bde., Greifswald 1856/1857

Kosegarten, J. G. L.: Gustav Adolfs Landung in Pommern am 25. und 26. Juni 1630. In: Baltische Studien, 17. Jg., 1859, H. 2, S. 186–208

Kosegarten, J. G. L.: Die Vertheidigung Greifswalds gegen Kurfürst Friedrich Wilhelm von Brandenburg im September 1659, in: Baltische Studien, 16. Jg., 1857, H. 2., S. 144–173

Lagerqvist, Lars O.: A History of Sweden, Stockholm 2003

Langer, Herbert: Die Anfänge des Garnisonswesens in Pommern (1627–1650), in: Asmus, Ivo; Heiko Droste; Jens E. Olesen (Hrsg.): Gemeinsame Bekannte. Schweden und Deutschland in der Frühen Neuzeit, Münster 2003, S. 397-417

Lorenz, Maren: Das Rad der Gewalt. Militär und Zivilbevölkerung in Norddeutschland nach dem Dreißigjährigen Krieg (1650–1700), Köln/Weimar/Wien 2007

Mast, Peter: Mecklenburg-Vorpommern. 1000 Jahre Geschichte eines jungen Landes, München/Berlin 1994

Menne, Paul: Die Festungen des norddeutschen Raumes, Oldenburg i.O. 1942

Möller, Gunnar: Von hohen Mauern, festen Türmen und wehrhaften Bürgern, in: Archäologie unter dem Straßenpflaster. 15 Jahre Stadtkernarchäologie in Mecklenburg-Vorpommern, hrsg. von Hauke Jöns, Friedrich Lüth und Heiko Schäfer, Schwerin 2005, S. 213-218

Munthe, Ludvig W:son: Kongl. Fortifikationens Historia,
Bd. 1: Svenska fortifikationsväsendet från nyare tidens början till inrättandet af en särskild fortifikationsstat år 1641, Stockholm 1902;
Bd. 2: Fortifikationsstaten under Örnehufwudh och Wärnschiöldh, 1641–1674, Stockholm 1906;
Bd. 3: Fortifikationsstaten under Dahlbergh, Stuart och Palmquist, 1674–1719, 2 Bde., Stockholm 1908-1911;
Bd. 4, 1: Fortifikationsstaten under Löwen till och med Cedergren 1719–1811, av Ernst Ericsson och Gustaf Rabe, Stockholm 1930;
Bd. 4, 2: Rikets fasta försvar 1720–1811: Det fasta försvaret 1720–1741, av Ernst Ericsson, Stockholm 1934;
Bd. 6, 1: Biografiska anteckningar, Stockholm 1913–1916

Neumann, Hartwig: Festungsbaukunst und Festungsbautechnik. Deutsche Wehrbauarchitektur vom XV. bis XX. Jahrhundert. Mit einer Bibliographie deutschsprachiger Publikationen über Festungsforschung und Festungsnutzung 1945–1987, 2. Aufl., Bonn 1994

North, Michael: Geschichte Mecklenburg-Vorpommerns, München 2008

Pelc, Ortwin: Im Schutz von Mauern und Toren. Die Befestigung der schleswig-holsteinischen Städte in Mittelalter und Neuzeit, Heide 2003

Pfennig, Angela: Backstein und Grün, Stralsund 2003

Pyl, Theodor, Geschichte der Greifswalder Kirchen und Klöster, sowie ihrer Denkmäler, Bd. 1, Greifswald 1885; Bd. 2, Greifswald 1886

Pyl, Theodor: Nachträge zur Geschichte der Greifswalder Kirchen, Heft 2, Greifswald 1899

Restorff, F. v.: Topographische Beschreibung der Provinz Pommern mit einer statistischen Uebersicht, Berlin/Stettin 1827

Sarkowicz, Hans (Hrsg.): Die Geschichte der Gärten und Parks, Frankfurt am Main/Leipzig 1998

Scharmach, Klaus/Heiko Schäfer: Archäologische Untersuchungen zwischen Steinbeckertor und Fangelturm in Greifswald, in: Archäologische Berichte aus Mecklenburg-Vorpommern, Bd. 7, 2000, S. 171–181

Scherer, Franz/Hans-Georg Wenghöfer: Vom Festungswall zur Promenade. Mit Fotografien von Manfred Zielinski, hrsg. vom Rat der Stadt Greifswald – Greifswald-Information, Greifswald [1989]

Schmekel, Ruth: Nun ging ich Greifswald zu. Das Bild einer Stadt in fünf Jahrhunderten, Hamburg 1980

Schmidt, Erika: „Abwechslung im Geschmack". Raumbildung und Pflanzenverwendung beim Stadtparkentwurf, Deutschland im 19. Jahrhundert, Hannover 1984 (= Beiträge zur räumlichen Planung; 7 des Instituts für Grünplanung und Gartenarchitektur der Universität Hannover)

Schmidt, Georg: Der Dreissigjährige Krieg, 6. Aufl., München 2003

Tuchtenhagen, Ralph: Kleine Geschichte Schwedens, München 2008

Voss, Kaija: Mittelalterliche Stadtbefestigungen im Land Brandenburg. Ein Beitrag zu Denkmalpflege und Stadtgestaltung, Weimar 1999

Warda, Hans-Dieter: Das große Buch der Garten- und Landschaftsgehölze, Bad Zwischenahn 1998

Wimmer, Clemens Alexander: Geschichte der Gartentheorie, Darmstadt 1989

Wörterbuch der Burgen, Schlösser und Festungen, hrsg. von Horst Wolfgang Böhme, Reinhard Friedrich und Barbara Schock-Werner, Stuttgart 2004

Bildnachweis

Ansorge, Jörg, Landesamt für Kultur und Denkmalpflege [17]
Archivum Państwowe w Szczecinie: „Relation einiger Wunderzeichen, Welche zu Stralsund Anno 1665 und Anno 1670 geschehen und gesehen worden, [...]", Stralsund 1679 (Bibliothek, Sign. S I 520) [49]
BauBeCon Sanierungsträger GmbH [2, 92]
Binder, Peter [128]
Evangelische Kirchengemeinde St. Marien [33]
Günther, Andreas [148]
Hoefer, Edmund: Küstenfahrten an der Nord- und Ostsee, Stuttgart 1880/1881 [110]
Ingenieurplanung Ost GmbH [124]
Kiel, Uwe [7, 8, 9, 10, 11, 12, 16, 18, 21, 22, 23 (retuschiert), 27, 30, 63, 69, 93]
Kriegsarkivet, Stockholm, Utländska SFP, Tyksland, Greifswald nr.3 [48]; nr.7 [53]
Landesarchiv Greifswald Rep. 6, Tit. 53, Nr. 9, Bl. 24 [38]; Rep. 40 III Nr. 231 c [44]
Langer, Herbert [13, 28, 39, 45]
Lissok, Michael [135]
Munthe, Ludvig W:son: Kungl. Fortifikationens Historia, Bd. 3,1, Stockholm 1908, Pl. 118, nach S. 478 [50]; Bd. 4, 1, av Ernst Ericsson och Gustaf Rabe, Stockholm 1930, Fig. 30, nach S. 716 [51]; Bd. 6, 1: Biografiska anteckningar, Stockholm 1913–1916, S. 390 [37]
Nasjonalgalleriet Oslo, J. Lathion [75]
Neumann, Hartwig: Festungsbaukunst und Festungsbautechnik, Koblenz/Bonn: Bernhard & Grefe Verlag 1988, S. 34f [41]
privat/Foto: Thomas Helms [60, 61, 72, 73, 97]
Ruchholz, Kurt [100]
Staatsbibliothek zu Berlin Preussischer Kulturbesitz, Kartenabteilung, Kart x 25505 [32]
Stadtarchiv Greifswald [4, 5, 14, 15, 20, 24, 34, 35, 42, 46, 47, 52, 54, 55, 56, 57, 59, 62, 65, 66, 67, 68, 71, 74, 76, 78, 79, 81, 82, 83, 84, 85, 86, 87, 88, 89, 90, 91, 94, 95, 96, 120]
Stadtarchiv Stralsund [25]
Universitätsbibliothek Greifswald [40]
Universitäts- und Hansestadt Greifswald, Grünflächenamt [122]
Universitäts- und Hansestadt Greifswald/Pommersches Landesmuseum [1, 3, 6, 19, 26, 29, 36,43, 64, 70, 77, 80, 98, 99, 101, 102, 103, 104, 105, 106, 107, 108, 109, 111, 112, 113, 114, 115, 116, 117, 118, 119, 123, 134, 136]
Wenghöfer, Hans-Georg [58, 121, 125, 126, 127, 129, 130, 131, 132, 133, 137, 138, 139, 140, 141, 142, 143, 144, 145, 146, 147]
Winter, Georg: Geschichte des Dreißigjährigen Krieges, Berlin 1893, S. 188 [31]

148 | *Blick auf die Greifswalder Altstadt von Westen, 2008*